JN058552

新指導要録の

小学校 記入例と用語例

［編 著］

無藤 隆・石田 恒好・山中 ともえ
吉冨 芳正・石塚 等・櫻井 茂男・平山 祐一郎

図書文化

まえがき

　学習指導要領の改訂に伴い，学習評価と指導要録の基本の在り方も改訂された。本書はその趣旨の解説に加え，具体的な書き方の例を示し，現場の教師の方々が評価を進め，要録を記入する際の一助となるようにまとめたものである。

　今回の改訂の大きなねらいは資質・能力の三つの柱（知識及び技能，思考力・判断力・表現力等，学びに向かう力・人間性等）を基本に置きながら，各教科等における見方・考え方を示し，指導の要点として主体的・対話的で深い学びを進めるとしたことにある。これは学習主体である子どもの学びの在り方について，学ぶ主体として長期的に資質・能力を身に付けられるよう，各教科等において見方・考え方を捉えられるようになってほしい，そのために主体的・対話的で深い学びの在り方を身に付けてほしい，という願いが込められている。評価もそれらの進捗に寄与するものでなければならない。そこで評価の観点として「知識・技能」「思考・判断・表現」「主体的に学習に取り組む態度」を挙げ，それらが各教科等の学習の単元程度の単位で確実に進展するよう，形成的な評価として機能するようにするのである。要録はそういった評価の積み上げから学校教育に求められる種々の面について大きく学習の在り方をまとめ，子どもごとに成果を伝えると共に，教師の反省と改善の資料とするのである。

　もとより教育の中心は授業そのものである。評価の手間が過大になり，授業の進行や準備を妨げてはその本旨に背く。しかしただ簡便であればよいのではない。評価とは授業の改善に役立ち，子どもの学びをよりよくするための手立てであり，それなしに学校教育は成り立たないからである。手際よく進めつつ，実効性のある日常の評価活動とその累積・要約としての要録にできるかが課題となる。本書はその要請に応じて，学習評価と要録の考え方を簡潔に解説し，進め方・書き方の参考事例を豊富に挙げている。単にそのまま真似るのではなく，参照しながら，目の前の子どもとその学びにふさわしい形で作り替えていってほしい。本書をよりよい授業・評価へ役立てていただければ，幸いである。

contents ○● 新指導要録の記入例と用語例　小学校

contents ○•

第5章 年度末に記入すること

第6章 卒業時に記入すること

第7章 事由発生時に記入すること

第8章 記入のための参考資料

contents ○●

小 学 校 児 童 指 導 要 録　(参考様式)

様式1（学籍に関する記録）

区分＼学年	1	2	3	4	5	6
学　級						
整理番号						

学 籍 の 記 録

児童	ふりがな		性別		入学・編入学等	年　月　日　第1学年　入学 　　　　　　　　第　学年編入学
	氏　名					
	生年月日	年　月　日生			転　入　学	年　月　日　第　学年転入学
	現住所					
保護者	ふりがな				転学・退学等	（　　年　月　　日） 　　年　月　　日
	氏　名					
	現住所				卒　業	年　月　　日
入学前の経歴					進　学　先	

学 校 名 及 び 所 在 地 (分校名・所在地等)			
年　度	年度	年度	年度
区分＼学年	1	2	3
校長氏名印			
学級担任者氏名印			
年　度	年度	年度	年度
区分＼学年	4	5	6
校長氏名印			
学級担任者氏名印			

7

様式2（指導に関する記録）

児　童　氏　名		学　校　名	区分＼学年	1	2	3	4	5	6
			学　級						
			整理番号						

各　教　科　の　学　習　の　記　録

教科	観　点　　　　　　学　年	1	2	3	4	5	6
国語	知識・技能						
	思考・判断・表現						
	主体的に学習に取り組む態度						
	評定						
社会	知識・技能						
	思考・判断・表現						
	主体的に学習に取り組む態度						
	評定						
算数	知識・技能						
	思考・判断・表現						
	主体的に学習に取り組む態度						
	評定						
理科	知識・技能						
	思考・判断・表現						
	主体的に学習に取り組む態度						
	評定						
生活	知識・技能						
	思考・判断・表現						
	主体的に学習に取り組む態度						
	評定						
音楽	知識・技能						
	思考・判断・表現						
	主体的に学習に取り組む態度						
	評定						
図画工作	知識・技能						
	思考・判断・表現						
	主体的に学習に取り組む態度						
	評定						
家庭	知識・技能						
	思考・判断・表現						
	主体的に学習に取り組む態度						
	評定						
体育	知識・技能						
	思考・判断・表現						
	主体的に学習に取り組む態度						
	評定						
外国語	知識・技能						
	思考・判断・表現						
	主体的に学習に取り組む態度						
	評定						

特　別　の　教　科　道　徳

学年	学習状況及び道徳性に係る成長の様子
1	
2	
3	
4	
5	
6	

外　国　語　活　動　の　記　録

学年	知識・技能	思考・判断・表現	主体的に学習に取り組む態度
3			
4			

総　合　的　な　学　習　の　時　間　の　記　録

学年	学　習　活　動	観　点	評　価
3			
4			
5			
6			

特　別　活　動　の　記　録

内　容	観点　　　　学　年	1	2	3	4	5	6
学級活動							
児童会活動							
クラブ活動							
学校行事							

児童氏名

行 動 の 記 録

項　目 ＼ 学　年	1	2	3	4	5	6	項　目 ＼ 学　年	1	2	3	4	5	6
基本的な生活習慣							思いやり・協力						
健康・体力の向上							生命尊重・自然愛護						
自主・自律							勤労・奉仕						
責任感							公正・公平						
創意工夫							公共心・公徳心						

総 合 所 見 及 び 指 導 上 参 考 と な る 諸 事 項

第1学年		第4学年	
第2学年		第5学年	
第3学年		第6学年	

出 欠 の 記 録

区分＼学年	授業日数	出席停止・忌引等の日数	出席しなければならない日数	欠席日数	出席日数	備　　考
1						
2						
3						
4						
5						
6						

9

本書の用語表記について（凡例）

答　申

≫ 幼稚園，小学校，中学校，高等学校及び特別支援学校の学習指導
要領等の改善及び必要な方策等について（答申）（中教審第 197 号）
（平成 28 年 12 月 21 日，中央教育審議会）
http://www.mext.go.jp/b_menu/shingi/chukyo/chukyo0/toushin/1380731.htm

報　告

≫ 児童生徒の学習評価の在り方について（報告）（平成 31 年 1 月 21 日，
中央教育審議会初等中等教育分科会教育課程部会）
http://www.mext.go.jp/b_menu/shingi/chukyo/chukyo3/004/gaiyou/1412933.htm

通　知

≫ 小学校，中学校，高等学校及び特別支援学校等における児童生徒
の学習評価及び指導要録の改善等について（通知）（30 文科初第
1845 号）（平成 31 年 3 月 29 日，文部科学省初等中等教育局）
http://www.mext.go.jp/b_menu/hakusho/nc/1415169.htm

新学習指導要領

≫ 平成 29・30 年改訂学習指導要領
http://www.mext.go.jp/a_menu/shotou/new-cs/1384661.htm

旧学習指導要領

≫ 平成 20・21 年改訂学習指導要領
http://www.mext.go.jp/a_menu/shotou/new-cs/youryou/index.htm

新観点（3観点）

≫「知識・技能」「思考・判断・表現」「主体的に学習に取り組む態度」。つまり，平成
31 年『通知』で示された観点別学習状況の3観点のこと。

旧観点（4観点）

≫「知識・理解」「技能」「思考・判断・表現」「関心・意欲・態度」。つまり，平成
22 年『通知』で示された観点別学習状況の4観点のこと。

今回の改訂

≫「平成 29・30 年改訂学習指導要領」又は平成 31 年『通知』。及び両方のこと。

指導要録の
基礎知識

▷ 1章 新指導要録のポイント

01 改訂の経緯

　指導要録の改訂は学習指導要領の改訂を受けて行われる。今回の小・中学校の学習指導要領の改訂は，中央教育審議会から平成28年12月21日に「幼稚園，小学校，中学校，高等学校及び特別支援学校の学習指導要領等の改善及び必要な方策等について」として出された答申を受けて，平成29年3月に行われた。

　学習評価と指導要録については，同答申において次のように言及されている。

○　学習評価については，教育課程や学習・指導方法の改善と一貫性を持った形で改善を進めることが求められる。また，「カリキュラム・マネジメント」の中で，学習評価の改善を，授業改善及び組織運営の改善に向けた学校教育全体のサイクルに位置付けていくことが必要である。

○　今後，観点別評価については，目標に準拠した評価の実質化や，教科・校種を超えた共通理解に基づく組織的な取組を促す観点から，小・中・高等学校の各教科を通じて，「知識・技能」「思考・判断・表現」「主体的に学習に取り組む態度」の3観点に整理することとし，指導要録の様式を改善することが必要である。

○　なお，観点別学習状況の評価には十分示しきれない，児童生徒一人一人のよい点や可能性，進歩の状況等については，日々の教育活動や総合所見等を通じて積極的に子供に伝えることが重要である。

(以上，同答申〔概要〕10ページより)

　これを受けて，平成29年7月18日に，初等中等教育分科会教育課程部会の下に，「児童生徒の学習評価の在り方に関するワーキンググループ」が設置された。ワーキンググループは，同年10月以降12回開催され，平成31年1月21日に，「児童生徒の学習評価の在り方について（報告）」が示された。その上で，平成31年3月29日に文部科学省初等中等教育局長の通知として，「小学校，中学校，高等学校及び特別支援学校等における児童生徒の学習評価及び指導要録の改善等について（通知）」が出された。

💡 改訂の流れ

平成28年12月21日	「幼稚園，小学校，中学校，高等学校及び特別支援学校の学習指導要領等の改善及び必要な方策等について（答申）」（中央教育審議会）
平成29年3月	小・中学校の学習指導要領が改訂
平成29年7月18日	「児童生徒の学習評価の在り方に関するワーキンググループ」設置（初等中等教育分科会教育課程部会）
平成31年1月21日	「児童生徒の学習評価の在り方について（報告）」（初等中等教育分科会教育課程部会）
平成31年3月29日	「小学校，中学校，高等学校及び特別支援学校等における児童生徒の学習評価及び指導要録の改善等について（通知）」（文部科学省初等中等教育局長）
令和2年4月〜	小学校の新学習指導要領が完全実施
令和3年4月〜	中学校の新学習指導要領が完全実施

教育課程の改訂は，
およそ10年に一度の
サイクルで行われている

02 改訂の方針

　各学校における学習評価は，学習指導の改善や学校における教育課程全体の改善に向けた取組と効果的に結び付け，カリキュラム・マネジメントにおける学習指導に係るPDCAサイクルの中で適切に実施されるべきものである。

　各教科等の学習評価を通じて，例えば，思考力・判断力・表現力等に課題があることが明らかになれば，それらをはぐくむ学習活動を学校の教育課程全体の中で推進するなど，学習評価を個々の授業の改善に加え，学校における教育活動全体の改善に結び付けることが重要であり，そうした取組を学校評価の枠組を通じて行うことが考えられる。このように個別の授業の改善にとどまらず，学校全体の評価の中に学習評価を組み込み，教育課程や指導計画・指導法の改善に生かすのである。

　児童生徒にとっては，学習評価は，自らの学習状況に気付き，その後の学習や発達・成長が促されるきっかけとなるべきものである。また，学習評価の結果を保護者に適切に伝えることは，学習評価に関する信頼を高めるものであるとともに，家庭における学習を児童生徒に促すきっかけともなる。

　以上述べた学習評価の意義や，現在の学習評価の在り方が小・中学校を中心に定着してきていると見られること，また，新しい学習指導要領は次代を担う児童生徒に「生きる力」をはぐくむという理念を引き継いでいることを踏まえれば，現在行われている学習評価の在り方を基本的に維持しつつ，その深化を図っていくべきである。今後とも，児童生徒一人一人への学習内容の確実な定着を図るため，各教科における児童生徒の学習状況を分析的に捉える観点別学習状況の評価と，総括的に捉える評定とについては，目標に準拠した評価として実施していくのである。

　新学習指導要領で重視している「主体的・対話的で深い学び」の視点からの授業改善を通して，各教科等における資質・能力を確実に育成する上で，学習評価は重要な役割を担っている。その視点から見ると，従来の学習評価の実態

について次のような課題が一部の学校などに見られると指摘されていた。

- 学期末や学年末などの事後での評価に終始してしまうことが多く，評価の結果が児童生徒の具体的な学習改善につながっていない
- 現行の「関心・意欲・態度」の観点について，挙手の回数や毎時間ノートを取っているかなど，性格や行動面の傾向が一時的に表出された場面を捉える評価であるような誤解が払拭し切れていない
- 教師によって評価の方針が異なり，学習改善につなげにくい
- 教師が評価のための「記録」に労力を割かれて，指導に注力できない
- 相当な労力をかけて記述した指導要録が，次学年や次学校段階において十分に活用されていない

学習指導要領の改訂の趣旨を徹底し，このような課題に応えるとともに，教師の働き方改革を進めることとも両立を図る必要がある。そこで，学習評価の在り方について次の方向が目指されている。

① 児童生徒の学習改善につながるものにしていくこと
② 教師の指導改善につながるものにしていくこと
③ これまで慣行として行われてきたことでも，必要性・妥当性が認められないものは見直していくこと

こうした点を踏まえつつ，各学校においては，組織的・計画的な取組を推進し，学習評価の妥当性，信頼性などを高めるよう努めることが重要である。『通知』においても，すでに従前からいわゆる「客観性のある評価」ということを言い換え，学問的に意味のある「妥当性・信頼性」という用語が採用されており，その点は留意したい。

なお，児童生徒の学習状況が記録される指導要録の様式は設置者が定めるものであるが，指導要録は児童生徒の学習状況について異なる学校段階における円滑な情報の伝達を行うという機能を有することから，評価の結果が進学などにおいて活用される都道府県等の地域ごとに，一定の統一性が保たれることも求められる。学校における裁量を広げつつも，評価の説明責任を確保し，保護者・地域住民からの信頼を維持するために恣意的な変更を防ぎ，同時に，上級学校の入試などで統一的な扱いが可能になるようにするのである。

03 改訂の概要① 各教科の学習の記録

「観点別学習状況の評価」と「評定」

　「観点別学習状況の評価」と「評定」については指導と評価の一体化の視点から見た場合には，それぞれ次のような役割が期待されている。

　各教科の学習状況を分析的に捉える「観点別学習状況の評価」は，児童生徒がそれぞれの教科での学習において，どの観点で望ましい学習状況が認められ，どの観点に課題が認められるかを明らかにすることにより，具体的な学習や指導の改善に生かすことを可能とするものである。

　各教科の観点別学習状況の評価を総括的に捉える「評定」は，児童生徒がどの教科の学習に望ましい学習状況が認められ，どの教科の学習に課題が認められるのかを明らかにすることにより，教育課程全体を見渡した学習状況の把握と指導や学習の改善に生かすことを可能とするものである。

　このように「評定」は，簡潔で分かりやすい情報を提供するものとして，児童生徒の教科の学習状況を総括的に評価するものであり，教師同士の情報共有や保護者などへの説明のためにも有効である。このため，低学年を除く小学校，中学校及び高等学校において，評定を行うことは引き続き必要である。

　各学校においては，設置者などの方針に沿って，自校における指導の重点や評価方法などを踏まえ，各教科の総括的な学習状況を捉える評定の決定の方法を検討し，適切な方法を定める必要がある。その際，異なる学校段階の間での児童生徒の学習状況を円滑に伝達するため，評価の結果が進学などにおいて活用される都道府県等の地域ごとに一定の統一性を保つことが望ましい。また，そのような評定の決定の方法を対外的に明示することも求められる。

評価の観点

　評価の観点については，これまでは「知識・理解」「技能」「思考・判断・表現」「関心・意欲・態度」の四つの観点が設定されていた。今回の改訂においては，全ての教科等において，教育目標や内容を，資質・能力の三つの柱に基づき，

各教科における評価の基本構造

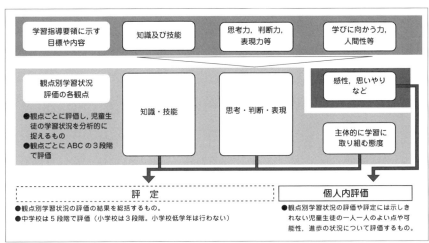

| 学習指導要領に示す目標や内容 | 知識及び技能 | 思考力，判断力，表現力等 | 学びに向かう力，人間性等 |

| 観点別学習状況評価の各観点
●観点ごとに評価し，児童生徒の学習状況を分析的に捉えるもの
●観点ごとにABCの3段階で評価 | 知識・技能 | 思考・判断・表現 | 感性，思いやりなど

主体的に学習に取り組む態度 |

| 評定
●観点別学習状況の評価の結果を総括するもの。
●中学校は5段階で評価（小学校は3段階。小学校低学年は行わない） | 個人内評価
●観点別学習状況の評価や評定には示しきれない児童生徒の一人一人のよい点や可能性，進歩の状況について評価するもの。 |

出典：中央教育審議会初等中等教育分科会教育課程部会「児童生徒の学習評価の在り方について（報告）」2019年1月21日，p6

　小・中・高等学校の各教科を通じて「知識・技能」「思考・判断・表現」「主体的に学習に取り組む態度」の3観点に整理することになった。

　その際，「主体的に学習に取り組む態度」と，資質・能力の柱である「学びに向かう力，人間性等」の関係については，「学びに向かう力，人間性等」には，①「主体的に学習に取り組む態度」として観点別評価（学習状況を分析的に捉える）を通じて見取ることができる部分と，②観点別評価や評定にはなじまず，こうした評価では示しきれないことから個人内評価（個人のよい点や可能性，進歩の状況について評価する）を通じて見取る部分があることに留意する必要がある。

　なお，これらの三つの観点において重要性に違いがあるわけではない。どれが大事であり，ほかはそれに次ぐものであるといったことではなく，どれも同等に重要である。その意味で，観点を表記する際にもその順番に重要性の意味はない。むしろ，三角錐の三つの角に各観点があり，その観点が総合されて全体として授業活動を見直すための評価活動が成り立ち，授業改善に役立たせると捉えることができよう。

改訂の概要②
その他の欄

その他の欄について，主なものを取り上げて概説する。

特別の教科　道徳

学習活動における児童生徒の学習状況や道徳性に係る成長の様子を，個人内評価として文章で端的に記述する。

外国語活動の記録

評価の観点を記入した上で，それらの観点に照らして，児童の学習状況に顕著な事項がある場合にその特徴を記入するなど，児童にどのような力が身に付いたかを文章で端的に記述する。評価の観点については，小学校学習指導要領に示す外国語活動の目標を踏まえ，設定する。

総合的な学習の時間の記録

学習活動及び各学校が自ら定めた評価の観点を記入した上で，それらの観点のうち，児童生徒の学習状況に顕著な事項がある場合などにその特徴を記入するなど，児童生徒にどのような力が身に付いたかを文章で端的に記述する。

評価の観点については，学校学習指導要領に示す総合的な学習の時間の目標を踏まえ，各学校において具体的に定めた目標，内容に基づいて定める。

特別活動の記録

各学校が自ら定めた特別活動全体に係る評価の観点を記入した上で，各活動・学校行事ごとに，評価の観点に照らして十分満足できる活動の状況にあると判断される場合に，○印を記入する。評価の観点については，学校学習指導要領に示す特別活動の目標を踏まえ定める。

行動の記録

各教科，道徳科，外国語活動（小学校のみ），総合的な学習の時間，特別活動やその他学校生活全体にわたって認められる児童生徒の行動について，設置者は，学習指導要領の総則及び道徳科の目標や内容，内容の取扱いで重点化を図ることとしている事項などを踏まえて示していることを参考にして，項目を

適切に設定する。また，各学校において，自らの教育目標に沿って項目を追加できるようにする。各学校における評価に当たっては，各項目の趣旨に照らして十分満足できる状況にあると判断される場合に，○印を記入する。

総合所見及び指導上参考となる諸事項

　児童生徒の成長の状況を総合的に捉えるため，以下の事項などを文章で箇条書きなどにより端的に記述する。特に⑤のうち，児童生徒の特徴・特技や学校外の活動などについては，今後の学習指導等を進めていく上で必要な情報に精選して記述する。

① 　各教科や外国語活動（小学校のみ），総合的な学習の時間の学習に関する所見

② 　特別活動に関する事実及び所見

③ 　行動に関する所見

④ 　進路指導に関する事項（中学校のみ）

⑤ 　児童生徒の特徴・特技，部活動（中学校のみ），学校内外におけるボランティア活動など社会奉仕体験活動，表彰を受けた行為や活動，学力について標準化された検査の結果等指導上参考となる諸事項

⑥ 　児童生徒の成長の状況にかかわる総合的な所見

　記入に際しては，児童生徒の優れている点や長所，進歩の状況などを取り上げることに留意する。ただし，児童生徒の努力を要する点などについても，その後の指導において特に配慮を要するものがあれば端的に記入する。

　なお，児童生徒の学習意欲などの学びに向かう力を高め，その後の学習や発達を促していくためには，児童生徒のよい点をほめたり，さらなる改善が望まれる点を指摘したりするなど，児童生徒の発達の段階などに応じ，励ましていくことが重要である。このため，観点別学習状況の評価や評定を目標に準拠した評価として行う際には，そこでは十分示し切れない，児童生徒一人一人のよい点や可能性，進歩の状況などについても，積極的に児童生徒に伝えるとともに，個人内評価の結果として「総合所見及び指導上参考となる諸事項」に記入することが重要である。

05 取扱い上の留意事項① 進学・転学・転入学

進学の場合

児童が小学校から中学校へ進学した場合，小学校長は，当該児童の指導要録の抄本又は写しを作成し，進学先の中学校長に送付する。

抄本とするか写しとするかは，同一地区内で個々の市町村や学校でまちまちとならないよう，都道府県教育委員会のレベルで統一を図ることが望ましい。また，ほかの都道府県へ進学する場合は，送付する学校側は機械的に自地区の方針で作成・送付するのではなく，受け入れ校側がどちらを求めているかを確認してから作成・送付するという配慮が必要となろう。

コピー機の普及に伴い，写しの作成・送付が多いのが現況と推測されるが，指導要録の電子化が進めば，必要な情報を抜粋した抄本の作成も容易になると考えられる。抄本を作成する場合の様式については，国からは別段示されていないので各地域において工夫する必要がある。その様式を決定する権限は公立学校にあっては第一義的に市町村教育委員会にあるので，市町村教育委員会が一定の様式を示すことが望ましい。

転学の場合

児童が転学した場合には，原本の写しを作成し，それを転学先の校長に送付する。転入学してきた児童がさらに転学した場合には，原本の写しのほか，転入学してくる前に在学していた学校から送付を受けた写しも次の転学先の校長に送付することとなっている。これらの場合，幼稚園から送付を受けた抄本又は写しも転学先の校長に送付する（学校教育法施行規則第24条第3項）。また，児童自立支援施設から移ってきた児童が転学した場合には，児童自立支援施設から送付を受けた，指導要録に準ずる記録の写しも送付する。

したがって，児童が転学した場合，当該学校に残るのは，児童がその学校に在学した期間中のことについて記録した指導要録の原本のみとなる。この指導要録の原本には，「転学・退学等」の欄に転学に伴う所要の事項を記入の上，校

指導要録送付の経路【参考例】

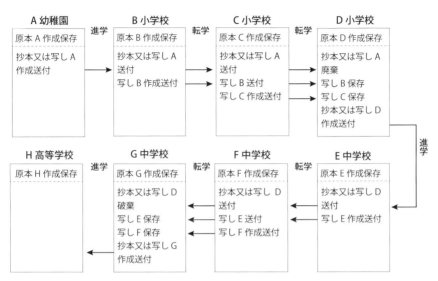

長及び学級担任が押印して，以後それを学校に保存しておくこととなる。

転入学の場合

　児童が転入学してきた場合には，当該児童が転入学した旨及びその期日を，速やかに，前に在学していた学校の校長に連絡し，当該児童の指導要録の写しの送付を受けることとなる。なお，この場合，校長は，新たに当該児童の指導要録を作成すべきであって，送付を受けた写しに連続して記入してはならない。

　つまり，児童を受け入れた学校は，新たに当該児童に係る指導要録を作成し，「学籍に関する記録」の必要な各欄（学校名及び所在地，校長氏名印・学級担任者氏名印，児童，保護者，転入学の欄など）について記入しておき，以後必要事項はこの指導要録に記入していくこととなる。前の学校から送付された指導要録の写しに連続して記入してはならないのであって，その写しは新しく作成した指導要録と併せてとじておく。

06 取扱い上の留意事項②
編入学・退学

編入学等の場合

「編入学等」の場合としては，①児童が在外教育施設や外国の学校から編入学してくる場合，②就学義務の猶予・免除の事由がなくなったことにより就学義務が生じて学校に就学してきた場合，などがある（50，51ページも参照）。

これらの場合は，当該児童が編入学等をしてきた日以後の指導要録を作成することとなるが，その際，以前の教育状況を把握することは指導上きわめて大切である。

そこで，在外教育施設や外国にある学校から編入学してきた場合も，校長はできればその間の履修状況の証明書や指導に関する記録の写しの送付を受ける必要がある。

退学等の場合

児童が当該の小学校を退学することになった場合には，学校は，指導要録の「転学・退学等」の欄に必要な事項を記入して，以後それを保存すればよい。

ただし，在外教育施設や外国の学校に入るために退学した場合については，実質的には教育の継続であるから，できるだけ児童のために便宜を図り，教育上の連携を図ることが望ましい。

児童が在外教育施設や外国の学校に入るために退学した場合においては，その学校が日本人学校やその他文部科学大臣が指定した在外教育施設であるときは「進学」及び「転学」の場合に準じて指導要録の抄本又は写しを送付し，それ以外の学校などであるときは求めに応じて適切に対応する。

「転学・転入学」と「退学・編入学」の違い

	自校から 出て行く	自校へ 入ってくる
同じ校種間で 例）小学校 ⇔ 小学校	転学	転入学
違う教育機関の間で 例）小学校 ⇔ 在外教育施設（※）	退学	編入学

※ 在外教育施設とは

　在外教育施設とは，海外に在留する日本人の子どものために，学校教育に準じた教育を実施することを目的として海外に設置された教育施設であり，①日本人学校，②補習授業校，③私立在外教育施設，に分けられる。

　日本人学校は，国内の小中学校又は高等学校と同等の教育を行うことを目的とする全日制の教育施設である。海外に約90校あり，約2万人が学んでいる。原則的に国内の学習指導要領に基づき，国内で使用されている教科書が用いられている。補習授業校は，現地の学校やインターナショナルスクール等に通学している日本人の子どもに対し，一部の教科について日本語で授業を行う教育施設である。私立在外教育施設は，国内の学校法人等が母体となり海外に設置した全日制教育施設である。

　参考：文部科学省「在外教育施設の概要」

　　　　https://www.mext.go.jp/a_menu/shotou/clarinet/002/002.htm

07 取扱い上の留意事項③
学校統合・学校新設等・保存期間

学校統合，学校新設等の場合

　学校統合，学校新設等の場合に，学校名及び所在地の変更として取り扱うか，転学及び転入学に準じて取り扱うかは，実情に応じて教育委員会が定めることとなろうが，参考として右に，考えられるいくつかのケースを示した。

保存期間

①　原本及び写しの保存

　指導要録の原本及び転入学の際に送付を受けた写しは，「学籍に関する記録」については20年間，「指導に関する記録」については5年間保存することされている（学校教育法施行規則第28条第2項）。各学校においては，プライバシー保護の観点からも，保存期間経過後の指導要録は廃棄するなど，適切な措置がとられることが求められている。

　保存期間の始期については，児童が卒業した場合は，その卒業の日以後，定められた期間保存することとなる。また，中途でほかの学校に転学した場合は，転学した日（転学先の学校が転入学を認めた日の前日）以後，この定められた期間，当該学校の作成に係る指導要録を保存することとなる。外国にある学校などへ入るための退学や，学齢を超過している児童の退学など，就学義務の猶予・免除がなされた場合，あるいは児童の居所が1年以上不明の場合の指導要録は，退学した日又は在学しない者と認められた日以後，この定められた期間保存することとなる。

②　入学前の教育又は保育機関から送られてきた抄本又は写しの保存

　児童が幼稚園から小学校に進学してきた場合には，指導要録の抄本又は写しが送付されてきているが，この抄本又は写しの保存義務年限については法令上は特に定めておらず（学校教育法施行規則第28条第2項），児童が当該小学校に在学している間保存すればよいこととされている。幼稚園時代の状況は小学校で指導上利用されれば目的は達成されるのであり，公簿としては幼稚園に保

学校統合・新設時の指導要録の扱いは？

転学・転入学として取り扱う場合

①	学校廃止	→	1校又は数校の他校へ児童が異動
②	A校及びB校廃止	→	新設C校へ
③	通学区の変更など	→	1校又は数校の他校へ児童の一部が異動
④	新設校の開校	→	1校又は数校の児童のうちの一部が異動

　この場合，原本それ自体を児童と共に移すこともある。その場合には，教育委員会において原本の所在地を明確にしておく必要がある。

　なお，学校が廃止になった場合の指導要録については，公立学校の場合は当該学校を設置していた市町村教育委員会が，私立学校の場合は当該学校を所管していた都道府県知事が保存する（学校教育法施行令第31条）。

学校名，所在地変更として取り合う場合（児童の異動がない場合）

①	A校が校名変更	→	新しい校名に
②	A校がB校の分校に	→	B校に
③	A校の分校が独立	→	新しい校名に
④	A校の移転	→	A校のまま所在地のみ変更
⑤	A校の移転及び校名変更	→	新しい校名にして，所在地も変更

　この場合は，「学校名及び所在地」の欄を訂正する。

存されているため，進学先の学校で卒業後までもいたずらに保存する必要はないからである。

　なお，学校が廃止になった場合は，公立の学校にあっては市町村教育委員会，私立の学校にあっては都道府県知事が指導要録関係の書類を引き継いで保存することとなっているが（学校教育法施行令第31条），その場合の保存期間は，保存を要する期間から，当該学校においてこれらの書類を保存していた期間を控除した期間である（学校教育法施行規則第28条第3項）。

08 記入上の留意事項

全般的な留意事項

指導要録の記入に当たっての全般的な留意事項は『通知』には示されていないが、以下のようなことが一般的な留意事項といえよう。

① 記入に当たっては、原則として常用漢字及び現代かなづかいを用いる。ただし、固有名詞はその限りではない。数字は算用数字を用いる。楷書で正確に記入する。

② 記入に当たっては黒インクを用い、不鮮明なものや変色するものは避ける。学校名・所在地などにゴム印を用いるのは差し支えないが、その場合は、明瞭な印を用い、スタンプインクの質も20年間の保存に耐えうるものを用いる。

③ 記入事項に変更があった場合には、その都度記入する。「学校名及び所在地（分校名・所在地等）」「校長氏名印」「学級担任者氏名印」「児童」及び「保護者」の「現住所」など、場合によって変更又は並記する必要の生じる欄については、あらかじめその欄の上部に寄せて記入する。

④ 変更の必要が生じた場合は、その事項に2本線を引いて、前に書かれた部分が読み取れるようにしておく。変更には認印は不要だが、記入事項の誤記を訂正する場合には、訂正箇所に記入者（学級担任者）の認印を押したほうがよい。訂正に用いる認印はできるだけ小さいものが望ましい。

情報通信技術（ICT）の活用による指導要録の作成

指導要録の作成、保存、送付にICTを用いることは、現行の制度上でも可能であり、今回の『通知』では、教師の勤務実態を踏まえ、指導要録の作成に係る事務作業負担軽減の観点から、その活用が推奨されている。

ICTを活用して指導要録を作成する場合、「学籍に関する記録」の校長及び学級担任者の氏名記入と押印については、電子署名を行うことで替えることができる。

26

指導要録各欄の記入時期

記入時期	記入する欄
入学時	様式1（学籍に関する記録） 「児童」「保護者」「入学前の経歴」「入学・編入学等」 「学校名及び所在地」（分校名・所在地等）
年度初め	様式1（学籍に関する記録） 「校長氏名印」「学級担任者氏名印」　※氏名のみ 様式2（指導に関する記録） 「児童氏名」「学校名」「学級」「整理番号」
年度末	様式1（学籍に関する記録） 「校長氏名印」「学級担任者氏名印」　※押印のみ 様式2（指導に関する記録） 「各教科の学習の記録」「特別の教科　道徳」 「外国語活動の記録」「総合的な学習の時間の記録」 「特別活動の記録」「行動の記録」 「総合所見及び指導上参考となる諸事項」「出欠の記録」
卒業時	様式1（学籍に関する記録） 「卒業」「進学先」
事由発生時	様式1（学籍に関する記録） 「入学・編入学等」「転入学」「転学・退学等」 ※その他，各欄のうち必要な事項 　（例：児童又は保護者の姓の変更など）

09 特別な配慮を必要とする児童の指導要録の留意事項①

特別な配慮を必要とする児童に係る評価の考え方

　今回の『答申』において，障害のある児童や日本語の習得に困難のある児童，不登校の児童など，特別な配慮を必要とする児童の評価について，その児童の発達を支えることの重要性が指摘されている。障害のある児童については，通常の学級，通級による指導，特別支援学級，特別支援学校において十分な学びを確保し，一人一人の障害の状態や発達の段階に応じた指導を一層充実させていく必要があるとされている。

知的障害者である児童に対する教育を行う特別支援学校の評価

　知的障害者である児童に対する教育を行う特別支援学校の各教科については，今回の改訂において，小・中学校などとの学びの連続性を重視する観点から，小・中学校などの各教科と同様に，育成を目指す資質・能力の三つの柱で目標及び内容が整理された。今後は，これまでの文章記述を中心にしてきた学習評価だけではなく，観点別の学習状況を踏まえた評価を加えていく必要がある。

　特別支援学校の学習指導要領を参考にしている知的障害の特別支援学級は，新学習指導要領の主旨をよく理解し，学習評価について，特別支援学校の実践などを参考にするなどして，改善を図ることが大切である。

日本語の習得に困難のある児童，不登校の児童などに対する評価

　日本語指導を必要とする児童に対しては，児童の実態や学習評価の対象となる指導事項に照らして適切な方法を工夫して指導と評価を行うことが求められる。また，「特別の教育課程」による日本語指導の学習評価の際には，『学校教育法施行規則の一部を改正する省令等の施行について（通知）』（平成25年，文部科学省）において，個々の児童の日本語の能力や学校生活への適応状況を含めた生活・学習の状況，学習への姿勢・態度などの多面的な把握に基づき，指導の目標及び指導内容を明確にした指導計画を作成し，学習評価を行うことが示された。学習評価の結果は，児童の担任や教科担当とも共有し，在籍学級に

特別な配慮を必要とする児童に関わる学習評価について

○児童生徒一人一人の学習状況を適切に把握することは，新学習指導要領が目指す資質・能力を育成する観点からも重要であり，障害のある児童生徒や日本語の習得に困難のある児童生徒，不登校の児童生徒など特別な配慮を必要とする児童生徒に対する指導についても，個々の児童生徒の状況に応じた評価方法の工夫改善を通じて，各教科等の目標や内容に応じた学習状況を適切に把握し，指導や学習の改善に生かしていくことを基本に，それぞれの実態に応じた対応が求められる。

○障害のある児童生徒に係る学習評価については，一人一人の児童生徒の障害の状態等に応じた指導と配慮及び評価を適切に行うことを前提にしつつ，以下の観点から改善することが必要である。

・知的障害者である児童生徒に対する教育を行う特別支援学校の各教科についても文章記述という考え方を維持しつつ，観点別の学習状況を踏まえた評価を取り入れる。

・個別の指導計画に基づく評価等と指導要録との関係を整理することにより可能な場合には，指導に関する記録の大幅な簡素化を行う。

出典：「児童生徒の学習評価の在り方について（報告）の概要」（中央教育審議会初等中等教育分科会教育課程部会，平成31年1月），p5

おける各教科等の指導や学習評価にも考慮されることが望ましい。

『不登校への対応の在り方について』（平成15年，文部科学省）では，不登校児童について，学校が把握した学習計画や内容がその学校の教育課程に照らし適切と判断される場合には，当該学習の評価を適切に行い，児童や保護者などに伝えることが大切であるとされている。評価の指導要録への記載については，必ずしもすべての教科・観点について「観点別学習状況」及び「評定」を記載することが求められるものではないとされており，学習状況の把握の状況に応じてそれを文章記述するなど，指導の改善に生かす観点で適切な記載に努めることが求められる。

通常の学級

障害のある児童の指導については，小学校学習指導要領においても，「障害のある児童などについては，特別支援学校等の助言又は援助を活用しつつ，個々の児童の障害の状態等に応じた指導内容や指導方法の工夫を組織的かつ計画的に行うものとする」（第1章総則第3の2（1）ア），「障害のある児童などについては，学習活動を行う場合に生じる困難さに応じた指導内容や指導方法の工夫を計画的，組織的に行うこと」（同第2章各教科の「第3 指導計画と内容の取扱い」）とされている。

通級による指導

通級による指導を受けている児童については，「総合所見及び指導上参考となる諸事項」に，通級による指導を受ける学校名，通級による指導の授業時数，指導期間，指導内容や結果などを記述する。ほかの学校において通級による指導を受けている場合には，通級による指導を行っている当該学校からの通知に基づき記述する。今回の『通知』に，「通級による指導を受けている児童生徒について，個別の指導計画を作成しており，通級による指導に関して記載すべき事項が当該指導計画に記載されている場合には，その写しを指導要録の様式に添付することをもって指導要録への記入に替えることも可能とする」と示されたことも踏まえておきたい。

特別支援学級

特別支援学級に在籍している児童については，個別の指導計画が作成されており，個々の児童の障害の状況などに応じた指導が行われている。指導要録の様式は，特に必要がある場合には，特別支援学校の指導要録に準じて作成する。その際，記述の仕方は特別支援学校における評価方法などを参考にする。参考として，知的障害者である児童に対する教育を行う特別支援学校の指導要録の参考様式（様式2：指導に関する記録）を掲載する。

特別支援学校(知的障害)小学部の児童指導要録(参考様式)【様式2】

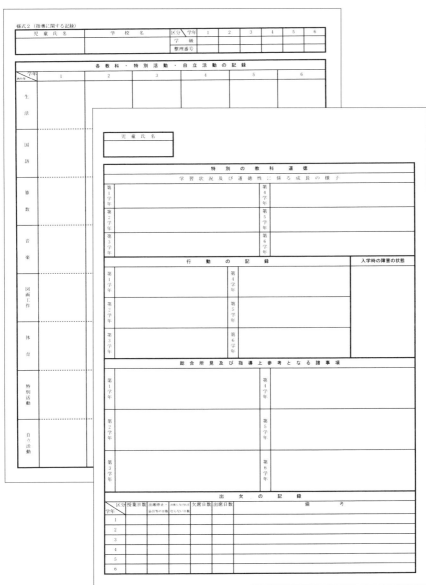

【学習・行動に関するキーワード①】

児童の姿	キーワード
明るい子・ 活発な子	明るい／朗らか／明朗／快活／陽気／気さく／ひょうきん／外交的／ 社交的／話好き／ユーモアがある／活動的／生き生きしている
意志の強い子	自制心がある／自分をコントロールできる／自省心がある／人を頼らない／人に左右されない／周りに流されない／信念がある／芯が強い ／意思が強い／自己主張できる／有言実行
一生懸命 がんばる子	ひたむき／コツコツ／一歩一歩／真剣／真摯／一心／熱心／懸命／ 一生懸命／労を惜しまない／努力家／勉強家／がんばり屋
意欲的な子	自ら／進んで／好んで／自発的／能動的／積極的／進取／積極的 ／活動的／意欲的／好奇心旺盛／向上心がある／前向きな／学習 意欲がある／進んで発言する
温和な子	優しい／おとなしい／温かい／おだやか／なごやか／温和／穏和／ 柔和／温厚／落ち着いている／マイペース
学習成果が 上がってきた子	潜在的能力がある／よく努力している／探究心旺盛／何事にも意欲的 ／よく考える／学習習慣ができている／予習・復習をよくする／体験 学習で力を発揮する／基礎・基本が身に付いている
学習面で 優れている子	●課題を自ら発見する／課題解決力に優れている／身近な生活と結び付けて考える／生活に生かす ●批判的思考力がある／客観的に判断できる／多面的に考察できる／論理的に考えられる／筋道立てて考えられる／観察力がある ●知識が豊富／ものしり／理解が早い／記憶力がいい ●表現力が豊か／独創的／感受性が豊か ●発想が豊か／ひらめきがよい／着眼がよい／柔軟である ●資料活用が巧み／整理がうまい／作業が速い／手際がいい／人前での発表が得意／要点を押さえている ●読書力がある／計算が速い／音楽的才能がある／造形的・美術的才能がある／コンピューターのスキルがある ●基礎・基本ができている／応用力がある
家庭学習を よくする子	家庭学習が充実している／宿題や学習準備をきちんとやる／予習・復習をきちんとやる／よく読書している
寛大な子	寛大／寛容／おおらか／度量が大きい／心が広い／こだわらない／ 包容力がある

学習評価の
基礎知識

▷ 2章 記入までに準備すること

1年を通した評価の流れ

時期とねらいに応じた3種類の評価

新指導要録の様式2（指導に関する記録）には，学年末に行う総括的評価を記入する。そこに至るまでに，様々な評価を積み重ねていくことが必要である（図1）。各単元における評価を，各学期末で取りまとめ，さらにそれらを取りまとめ，最終的な評価とする。

学習評価はその時期とねらいによって，診断的評価，形成的評価，総括的評価の3種類に分けることができる。

診断的評価は，学年あるいは単元の初めなどに実施する。学年の初めに行う場合，主として個々の児童の学力や知能，適性，パーソナリティなどを把握することがねらいとなる。標準検査の結果や前学年の指導要録を活用して授業の方法を考えたり，個別的な配慮が必要な児童を確認したりする。単元の初めに行う場合，主としてこれから学ぶ単元に必要な準備状態を把握することがねらいとなる。

形成的評価は単元の学習中に実施する。指導要録で示された評価の観点を用い，児童の学力の形成状況を評価する。教師は評価結果を児童に適宜フィードバックし，学習方法の助言などを行い，教師は指導の改善や調整を行っていく。

総括的評価は，単元終了時や学期末，学年末に実施する。学習の達成度を総合的に評価することが主なねらいとなる。各単元，各学期末の総括的評価が積み重なり，学年末にその学年における総括的評価を行うという流れとなる。

情報通信技術の活用による指導要録などの校務の改善

最近では，統合型校務支援システムが広く利用されるようになり，また，その機能が高度化することによって，教師が評価にかける心的・時間的負担感は減少し始めている（図2）。情報通信技術の活用により，評価のための情報蓄積（とその整理）が容易化することによって生じる余裕を，児童一人一人への学習状況のフィードバックや教師の指導方法や指導内容の見直しに向けていきたい。

評価はどのように進めるの？

1年を通した評価の流れ（図1）

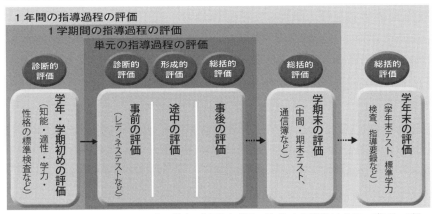

出典：長瀬荘一　2006　1年間の評価の仕事　北尾倫彦（編）　図でわかる教職スキルアップシリーズ3
　　　学びを引き出す学習評価　図書文化，p33.

統合型校務支援システムに蓄積されていくデータの流れ（図2）

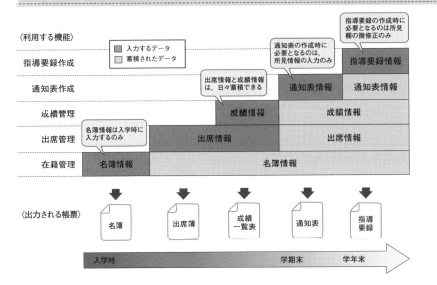

出典：文部科学省　2018　統合型校務支援システムの導入のための手引き，p28

12 目標準拠評価と個人内評価

観点別評価は目標に準拠した絶対評価で

観点別評価は，目標準拠評価で行う。集団準拠評価のように，児童集団における相対的な位置を見て評価を行う相対評価ではなく，目標の達成度を見て評価を行う絶対評価である。競争的意味合いを除いた，教育の本来的な評価と言える。しかし，「手順が煩雑であり，解釈が恣意的になる」（表1）とあるように，注意を要する方法である。評価規準と評価基準の設定が必要となる。

評価規準とは，教科や単元において何を評価するかを表示したものである。一方，評価基準とは，評価規準で表示されたものがどれだけ達成されているかを表示するものさしのことである。

髙木（2019）によると，「新学習指導要領の『2内容』には，評価の対象となる具体の指導『事項』が示されている」という。評価規準の作成が容易化されたと言ってよい。髙木の示唆にしたがって，各単元の評価規準の作成を図示したものが図1である。

評定になじまない項目は個人内評価で

新指導要録においては，「総合所見及び指導上参考となる諸事項」はもちろん，「特別の教科　道徳」でも，個人内評価を主とした文章による記載（記述式）が基本である。個人内評価は各児童の個性を重視し，長所の伸びや短所の改善を意図して行われる。

個人内評価には縦断的評価と横断的評価の2種類がある。以下は表記例。

① 　縦断的評価例

国語が全体的に苦手であったが，朝の読書を中心に1年間で50冊を読み，語彙力や読解力が次第に身に付き，国語の成績が向上した。

② 　横断的評価例

ほかの教科に比べ，理科が得意であり，授業時間以外にも観察や資料収集をすることが多く，合理的で客観的な科学的思考に優れている。

どんな評価方法があるの？

評価方法の長所と短所（表1）

	集団準拠評価	目標準拠評価	個人内評価	
			縦断的評価	横断的評価
基準の立て方	相対的な位置	目標の達成度	進歩の程度	個人内での比較
長所	客観性が高い	指導・学習に生きる	努力を促す	個性の自覚を促す
短所	集団によっては適用が困難な場合や好ましくない場合がある	手順が煩雑であり，解釈が恣意的になる	これだけでは不十分であり他の評価を併用する必要がある	

出典：北尾倫彦　2006　学習評価とは　北尾倫彦（編）図でわかる教職スキルアップシリーズ3 学びを引き出す学習評価　図書文化．p19.

学習指導要領に基づく評価規準の作成（図1）

学習指導要領の第2章各教科では，多くの教科が「2内容」において，「知識及び技能」「思考力，判断力，表現力等」を示している。それを用いて評価規準を作成することができる。

【知識・技能】
「知識及び技能」に関する記述の中から，その単元や題材で育成すべき資質・能力に当たるものを選び，その単元や題材の「知識・技能」の評価規準とする。

評価規準としての書き換え例
「～を理解している」「～の知識を身に付けている」「～することができる」「～の技能を身に付けている」など。

【思考・判断・表現】
「思考力，判断力，表現力等」に関する記述の中から，その単元や題材で育成すべき資質・能力に当たるものを選び，その単元や題材の「思考・判断・表現」の評価規準とする。

評価規準としての書き換え例
「～したり，～したり，～したりしている」「～したり，～したりしている」「～している」など。

【主体的に学習に取り組む態度】
「知識及び技能」「思考力，判断力，表現力等」の中の，それぞれの重要な要素を取り出し，「知識及び技能」を身に付け「たり（るとともに）」，「思考力，判断力，表現力等」を「～しようとしている」として示す。

評価規準としての書き換え例
「～しようとしている」「～したり（するとともに），～しようとしている」など。

出典：髙木展郎　2019　評価が変わる，授業を変える　三省堂（pp64-66）をもとに作成

13 観察による 評価材料の収集

　評価材料を収集する方法として，第一に，教師による児童の観察がある。観察では，逸話記録法，チェックリスト法，評定尺度法などが用いられる。

逸話記録法

　授業中や休み時間などに児童を観察し，特徴的な行動を簡潔に記録する方法である。例えば，「昼休みに鉄棒の練習を続けている」「算数の時間に挙手することがなかったが，割合の単元で初めて挙手をした」など，児童の特徴や変化を記す。その子らしさ（個性）の理解に有効とされている。記録には解釈や意見を加えず，事実を淡々と書くことが重要である。解釈や意見を記す際は欄を分けて書くと，のちに資料として利用する際に誤解が生じることなく参考にできる。

チェックリスト法

　観察をする際に，目にすることが予想される行動のリスト（次ページのチェックリスト参照）を作成しておいて，児童がそれぞれの行動を示すたびにチェックをする方法である。チェックリストさえうまく作成できれば，簡単で，正確に資料を収集することができる。チェックリストの作成がこの方法の成否を左右するため，教師同士で協力して作成するほか，学校の評価委員会などで作成することが望ましい。

評定尺度法

　評価する対象について，具体的な基準を設けて，それに当てはめて評定をする方法である。例えば，約束を守るということに関して，「十分満足できる状況」（必ず約束を守る），「おおむね満足できる状況」（ほぼ約束を守る），「努力を要する状況」（約束をほとんど守らない）というように，基準を設けて評定をするのがこの例である。

　「十分満足できる状況」の例は，「特別活動の記録」（88ページ〜）と「行動の記録」（94ページ〜）に掲載しているので参照されたい。

観察のポイントは？

例：チェックリスト法の場合

「責任感」についてのチェックリスト

氏名	約束を守る	自分でやるべきことをする	言動に責任をもつ	仕事を最後まで果たす	信頼される行動をとる
① 青山緑	✓✓✓	✓✓	✓✓	✓	✓
② 山吹徹	✓✓	✓	✓✓		
③ 水谷葵		✓✓	✓		
④ 赤木旬				✓✓	✓

それぞれの行動を示すたびに
チェックを重ねていく。

観察では，主観に偏らないよう，
観察の基準を定めたり，ほかの
教師など複数の日を入れたりし
よう。

14 面談による評価材料の収集

　評価材料収集の第二の方法に，面談がある。面談の種類には，教師による児童との面談，保護者との面談，児童のクラスメイトとの面談などが考えられる。

児童本人との面談

　観察はあくまでも児童の行動（学習行動や対人行動など）を明らかにする方法であるため，その行動がどのような経緯で生じたのかや，その結果としてどのような状況になったのかまでは理解が難しい。児童本人と面談することによって，そうした点をある程度明らかにすることができる。ただ，強引に児童の心の中に踏み込むようなことは避けるべきである。

保護者との面談

　児童の行動を理解する際には，家庭での保護者との関係がどのようであるかも，重要な資料となる。そのため，保護者との面談も有効である。また，児童の理解と保護者の理解が異なることもあるため，その理由などを探索することもできる。ただ，評価者である教師に対してすべての保護者が何でも話してくれるわけではないので，その点は謙虚でなければならない。

クラスメイトとの面談

　教師は，クラスの児童のことは何でも理解していると思いがちであるが，クラスの児童と面談してみると，意外に知らないことが多い。そこで，対象となる児童のことについて，ほかのクラスメイトに面談して聞いてみたり，さらにはクラスを超えて学校内の友達と面談して（あるいはほかの教師に協力してもらい）話を聞いてみたりすると，新たな発見がある。

　面談で重要なことは，相手となる児童本人，保護者ならびにクラスメイトとの間にできるだけ信頼関係を築いておくことである。信頼関係があればそれぞれの本音を聞くことができる。面談場面でも相手の話に誠実に耳を傾けること（傾聴）によって，本音に近い情報を得ることができる。なお，いずれの面談でもプライバシーの保護には十分配慮する必要がある。

面談のポイントは？

例：国語が伸び悩む児童の情報を集める場合

※児童本人との
　面談の例

さっきの国語の時間，少しぼんやりしていたようだけど，何か心配事がある？

・授業の合間に声をかけるような，気軽な面談（会話）も取り入れる。
・込み入った話をする場合は，ほかの児童の耳に入らぬよう注意する。

※保護者との
　面談の例

算数が伸びている一方，国語の漢字に苦手意識があるようです。家庭での予習・復習の状況はいかがでしょうか？

・家庭の事情や状況には注意して話をする。

※クラスメイト
　との面談の例

○さんと一緒に熱心に音読活動に取り組んでいるね。調子はどうかな？

・別の児童から情報を集めるので，個人情報の取扱いに特に注意する。

15 質問紙による 評価材料の収集

　アンケート調査，心理学の研究などでよく用いられる性格・行動傾向・社会性などを測定する質問紙，さらには標準化された心理検査など，質問紙を用いて，児童の行動や気持ちを客観的に評価することができる。

アンケート調査

　一般に事実を問うことに優れた調査方法である。例えば，「朝食を取ってきたか」，家では「予習や復習」をしているか，などの質問である。こうした事実を問うアンケート調査であれば，小学校低学年でも実施できる。ただ，小学校低学年の場合には，回答の仕方は「はい」「いいえ」などの簡単なものが望ましい。高学年以上になれば，「あてはまる」「まああてはまる」「あまりあてはまらない」「あてはまらない」などの多肢選択法も可能になる。

質問紙調査

　主に心の状態（気持ち）などを問う心理学的な質問紙は，小学校4年生くらいから実施できる。例えば，「朝起きると，登校したくないと思うことが多い」「クラスメイトの話や行動が気になって仕方がない」などの質問はこの例である。教師にこうした質問紙調査をされると，多くの児童はその結果が評価の対象になることを意識するため，児童と教師の間に信頼関係が必要である。

　質問紙を実施する際に「正直に答えてください」というような教示をすることもあるが，それは「社会的に望ましいとされる反応」（例えば，「思いやりがある」という問いに，なくても「はい」と答えやすい）を排除するためである。このような反応が疑われるときは面談や観察による情報の収集も必要である。

標準化された検査

　結果の解釈が容易で，信頼性や妥当性を伴っている標準化された検査では，認知能力検査（知能検査），道徳性検査，行動・性格検査などが販売されている。特に経験が浅く，教育評価が不得手な教師の場合には，重要な評価資料となる。定期的な実施による経時的評価にも適している。

質問紙のポイントは？

事実を問う質問例（アンケート調査）

・あなたは，毎日朝食を食べていますか。

　あてはまる　まああてはまる　あまりあてはまらない　あてはまらない

・あなたは，毎日家で予習をしていますか

　あてはまる　まああてはまる　あまりあてはまらない　あてはまらない

心の状態を問う質問例（質問紙調査）

・あなたは，自分の仕事をしんぼう強くやりとげるほうですか。

　□　いつもしんぼう強くやりとげる

　□　ときにはいやになってとちゅうでやめることもある

　□　すぐいやになってやめることが多い

標準化された検査にはどんなものがあるだろう。109ページを参照しよう。

【学習・行動に関するキーワード②】

児童の姿	キーワード
気が強い子	気が強い／負けず嫌い／負けん気が強い／気丈／しっかりしている／たくましい／不撓不屈
きちょうめんな子	きちょうめん／規律正しい／けじめがある／きちんと／ちゃんと／よく気が付く／折り目正しい／礼儀正しい／きまりを守る／忘れ物をしない
勤勉な子	まめ／勤勉／労を惜しまない／陰ひなたなく／献身的／進んで働く／人に尽くす／努力家／勉強家／がんばり屋
元気のいい子	活発な／エネルギッシュ／バイタリティーがある／元気がある／伸び伸び／生き生き／やる気がある／活気がある
公平な子	公平／公正／公明正大／差別をしない／フェアプレー／私心がない／正義感が強い／視野が広い
自主性・計画性のある子	自律的／計画的／主体的／課題をもって／目標をもって／向上心旺盛／自己統制力がある
集中力・根気のある子	地道／真剣／熱心／集中力がある／ひたむき／一心不乱／コツコツ／根気強い／粘り強い／持続力がある／むらなく
純粋な子	純真／ナイーブ／純情／清純／清い／純粋／無垢／善良／純朴／素朴
親切な子・思いやりのある子	親切／優しい／温かい／思いやりがある／友情に厚い／情け深い／情が細やか／献身的／相手の立場に立って／親身になって／面倒見がいい／協調性がある／協力し合える
素直な子	素直／誠実／正直／お人よし／まっすぐ／実直／律儀／義理堅い
責任感のある子	責任感がある／全力を尽くす／最後までやり遂げる／言い訳をしない／責任転嫁しない／言行一致
創意工夫できる子	好奇心が旺盛／柔軟な発想／多面的な考察／自分らしさ／センスがある／既成の概念や価値にとらわれない
人気のある子	人気がある／ユーモアがある／ひょうきんな／友達が多い／人から好かれる／親しみがある
粘り強い子	粘り強い／我慢強い／辛抱強い／忍耐強い／くじけない／がんばる／最後までやり通す
真面目な子	真面目な／まめ／着実な／誠実／実直／堅実／地道
勇敢な子	勇ましい／きりっと／潔い／りりしい／毅然／正々堂々／勇敢
リーダー性のある子	リーダーシップのある／指導力がある／統率力がある／面倒見がいい／企画力がある／決断力がある／実行力がある／視野が広い／毅然とした／建設的／人望が厚い／信頼されている／先頭に立って／人気者／潔い／貫禄がある／率先して／たのもしい

指導要録の
書き方

16 「児童」

何を書くか

　「児童」の欄は，児童の氏名，性別，生年月日，現住所について記入する。原則として学齢簿（注）の記載に基づき記入しなければならない。通称をもつ児童であっても，学齢簿に従い正式の氏名を記入する。ただし，児童の氏名に付けるふりがなは学齢簿に記載されていないため，別に家庭調査票などでよく確かめた上で記入する。

　性別については，男女いずれか該当する方を記入する。

児童の現住所に変更があった場合

　児童の転入または転居の届け出があったときには，当該市町村長から教育委員会に通知があり（学校教育法施行令第4条），これに基づいて学齢簿の現住所の訂正が行われる。

　学齢簿の現住所に変更があれば，この「児童」の欄の現住所も訂正する必要があるが，学齢簿の記載事項に変更があった場合の教育委員会と学校相互の通知連絡関係は，法令などでは特に定められていない。学校が児童から連絡を受けて変更の事実を知ったときは，学齢簿の訂正を確認して，指導要録の記載を訂正する必要がある。

注：学齢簿の編製について

・市町村の教育委員会は，当該市町村内に住所を有する学齢児童生徒について，住民基本台帳を基に学齢簿を編製する。（学校教育法施行令第1条）
・学齢簿には，学齢児童生徒の氏名，現住所，生年月日及び性別，保護者の氏名，現住所及び保護者と学齢児童生徒との関係，就学する学校の名称・入学・転学・卒業年月日，その他必要な事項などを記載する。（学校教育法施行規則第30条）
・学齢簿の作成は，10月1日現在において行う。（学校教育法施行規則第31条）

「児童」の記入例

児童	ふりがな	さとう　　　だいき	性別	男
	氏　名	佐　藤　大　輝		
	生年月日	平成24　年　9　月　3　日生		
	現住所	東京都文京区○○1丁目2番13号		

＊現住所の欄は，転居の際に備え，余白ができるように欄の上部に記入する。

＊現住所に変更があった場合には，学齢簿の訂正を確認してこの欄を訂正する。

＊外国人児童のふりがなは，できるだけ母語発音に近い読み方で記入する。

　例)李 舜臣（イ スンシン）

※児童の現住所に変更があった場合（事由発生時）

児童	ふりがな	たかはし　　　ゆい	性別	女
	氏　名	高　橋　結　衣		
	生年月日	平成24　年　10　月　23　日生		
	現住所	~~東京都文京区○○1丁目4番15号~~ 東京都文京区○○3丁目2番1号		

17 「保護者」

何を書くか

保護者の「氏名」欄には，児童に対して親権を行う者を記入する。親権を行う者のいないときは，未成年後見人（注）を記入する。つまり，この欄は，法律上の保護者について記入する欄である。したがって，父母と離れて祖母の家から通っている児童の場合でも，この欄に記入するのは，祖母ではなく親権者たる父母となる。

親権者は，一般には父母の二人であるが，この欄に記入する場合には両方を書く必要はなく，そのうちの実質的に親権を行う者を書けばよい。その際，学齢簿の記載と一致を図るようにしなければならない。

保護者の氏名を記入する際，ふりがなは児童の氏名同様に，別途に家庭調査票などで調べて記入する。

「現住所」の欄は，正確に記入しなければならないが，児童の現住所と同一の場合には，「児童の欄に同じ」と略記する。こちらも児童の現住所と同じく，転居に備え上に寄せて記入し，余白を残しておく。

変更などがあった場合

保護者の氏名や現住所に変更があった場合には，2本線を引いて新しい氏名や住所を記入する。

注：未成年後見人について

親権者の死亡・行方不明などにより親権者が不在となった場合，未成年被後見人又はその親族やその他の利害関係人の請求により，家庭裁判所は，親権者に代わって未成年者を保護する未成年後見人を選任する。未成年後見人が不在となった場合も同様となっている。（民法第840条）

「保護者」の記入例

	ふりがな	いとう　だいすけ
保護者	氏　名	伊　藤　大　輔
	現住所	児童の欄に同じ

※保護者の氏名または現住所に変更があった場合（事由発生時）

	ふりがな	~~いとう　だいすけ~~　いとう　ゆうこ
保護者	氏　名	~~伊　藤　大　輔~~　伊　藤　裕　子
	現住所	~~東京都文京区○○1丁目2番13号~~ 東京都文京区○○3丁目2番1号

※児童と保護者が離れて生活している場合

	ふりがな	さとう　だいき	性別	男
児童	氏　名	佐　藤　大　輝		
	生年月日	平成24　年　9　月　3　日生		
	現住所	東京都文京区○○1丁目4番15号		
保護者	ふりがな	さとう　まなみ		
	氏　名	佐　藤　真奈美		
	現住所	山口県山口市○○町2丁目2番28号		

18「入学前の経歴」「入学・編入学等」

「入学前の経歴」に何を書くか

この欄には，小学校入学前の教育又は保育機関である，幼稚園，特別支援学校幼稚部，保育所又は幼保連携型認定子ども園の名称及び在籍期間を記録しておく。外国で受けた教育の実情なども，この欄に記入すればよい。ただし，家庭での保育についてはあまり詳しく記入する必要はないと考えられている。記入の仕方は，例えば，「令和○年○月から令和○年○月まで，○○幼稚園在園」とか，「○○保育所在所」というように記入する。

「入学・編入学等」に何を書くか

「入学」とは，児童が小学校の第1学年に初めて就学することを言う。

一方，「編入学」とは，第1学年の中途又は第2学年以上の学年に入ることを言う。ただし，次のような場合に限られていて，国内のほかの小学校から転校してきた場合は，編入学ではなく「転入学」の扱いになる。

① 在外教育施設や外国の学校などに通っていた児童が帰国し，小学校に入った場合

② 就学義務の猶予・免除を受けていた子どもが，その事由消滅により就学義務が発生し，小学校に入った場合

入学年月日の考え方

昭和32年2月25日付け文部省通達「学齢簿および指導要録の取扱について」によると，「入学年月日は，公立学校にあっては，教育委員会が通知した入学期日，その他の学校にあっては，当該学校において通知した入学期日とすること」となっている。つまり，公立学校では市町村教育委員会が通知した入学期日を，私立学校や国立学校ではその学校が定めて通知した入学期日を，それぞれ記入するのである。なお，入学年月日は，必ずしも入学式を挙行する日と一致するものではない。例えば，入学すべき日を4月1日と指定し，入学式は2日以後に行う場合でも，入学年月日の記載は4月1日とすることが適当である。

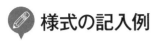 # 様式の記入例

「入学前の経歴」

入学前の経歴	平成29年4月から平成31年3月まで ○○幼稚園在園

「入学・編入学等」

入学・編入学等	令和2 年 4 月 1 日 第 1 学年 入学 ~~第　　学年編入学~~

＊入学年月日を記入し，「第1学年入学」の文字はそのまま生かして，その下にある「第　学年編入学」の文字は消除する。

※編入学の扱いになる場合

入学・編入学等	令和2 年 9 月 1 日 ~~第 1 学年 入学~~ 　　　　　　　　　　　　　第 2 学年編入学 オーストラリア連邦メルボルン市，現地日本人学校より 第2学年に編入学

入学・編入学等	令和2 年 9 月 1 日 ~~第 1 学年 入学~~ 　　　　　　　　　　　　　第 3 学年編入学 ○○の病気が全快，就学可能のため，猶予された当時の第3学年に編入学

＊編入学年月日と編入学年を記入し，「第1学年入学」の文字を消除し，余白に編入学の理由や事情などを記入する。

19 「学校名及び所在地」

何を書くか

この欄には学校名及び所在地を記入する。

学校名については，市立，区立，町立，村立，組合立を省かずに記入する。また所在地は，町名などの変更の場合を考えて余白を残して記入するようにする。

分校の場合は，本校名及び本校の所在地を記入するとともに，分校名，所在地及び在学した学年を併記しなければならない。指導要録は校長が作成するものとされていることから，学校の本拠たる本校名及び本校の所在地についての記載が当然必要となる。それとあわせて，分校名，所在地及び在学した学年を記入する。

なお，分校の児童が途中から本校に通学するようになった場合には，その旨及び年月日を空白部分に記入しておくとよい。

この欄の記入には
ゴム印の使用が便利！

「学校名及び所在地」の記入例

学 校 名 及 び 所 在 地 （分校名・所在地等）	文京区立○○小学校 東京都文京区○○３丁目２番１号

※分校の場合

学 校 名 及 び 所 在 地 （分校名・所在地等）	下関市立○○小学校 山口県下関市○○町1000番地２ 下関市立○○小学校○○分校 山口県下関市○○町2001番地３ 第１学年～第６学年

※統合による校名変更の場合

A校とB校が統合して校名をCとして，B校がA校に移った場合

（A校出身の児童の指導要録）

学 校 名 及 び 所 在 地 （分校名・所在地等）	文京区立Ａ小学校 東京都文京区○○３丁目２番１号 文京区立Ｃ小学校 （令和２年４月１日統合による校名変更）

（B校出身の児童の指導要録）

学 校 名 及 び 所 在 地 （分校名・所在地等）	文京区立Ｂ小学校 東京都文京区○○１丁目４番１５号 文京区立Ｃ小学校 東京都文京区○○３丁目２番１号 （令和２年４月１日統合による校名及び所在地変更）

20 「学級・整理番号」「校長氏名印・学級担任者氏名印」

「学級・整理番号」に何を書くか

この欄は，毎学年の所属学級や児童の番号を記入する。整理上の能率化を図るという意味をもっている。

これらは，各学校における指導要録の整理・保存に便利なように設けられているものであり，それぞれの学校の実情に応じた記載方法を工夫することが望ましい。

「校長氏名印・学級担任者氏名印」に何を書くか

この欄は，指導要録の作成を義務づけられている校長の氏名と，記入を担当した教師の氏名とを明らかにし，その責任の所在を明確にするという意味をもっている。

校長及び学級担任者の氏名は原則として年度初めに記入することとなるが，同一年度内に校長または学級担任者が代わった場合は，同じ欄内に後任者の氏名を併記することとなっている。

ただし，転入学児童について新しく指導要録を作成するときには，前校の校長氏名，学級担任者氏名は記入しない。

学級担任者については，女性教師の産前産後の休暇中に臨時的に任用された教師が学級を担当した場合など，比較的短期の学級担任者であってもその氏名を併記しなければならない。その際，氏名のそばに，臨時に担当した期間を括弧書きで記入しておくとよい。

なお，学級担任者を2名置いている場合は，責任を有する主たる立場の教師のみの氏名を記入すればよい。ただし，補佐する副の立場の教師も慣例で記入している場合は踏襲してもよい。

また，氏名印は年度末に押印する（55 〜 57ページ参照）。

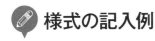 様式の記入例

「学級・整理番号」

区分＼学年	1	2	3	4	5	6
学　　級	3	3	1	1	2	2
整理番号	18	19	17	17	18	18

「校長氏名印・学級担任者氏名印」

年　　度	令和２年度	令和３年度	令和４年度
区分＼学年	1	2	3
校長氏名印	小林　健二	小林　健二	小林　健二 （４〜１０月） 渡辺　直美 （１１〜３月）
学級担任者 氏　名　印	鈴木　聡子	鈴木　聡子 （４〜８月，１１〜３月） 宮田　徹平 （９〜１０月）	加藤　健太
年　　度	令和５年度	令和６年度	令和７年度
区分＼学年	4	5	6
校長氏名印	遠藤　晋	遠藤　晋	遠藤　晋
学級担任者 氏　名　印	伊東　智之	関口　彩香	関口　彩香

＊校長氏名・学級担任者氏名はゴム印の押印でよい。

21 「校長氏名印・学級担任者氏名印」

記入の責任を明らかにする

指導要録の記入責任を明らかにする意味で校長及び学級担任者の押印を行う。指導要録の記入が完結する年度末に押印するのが普通である。

ただし，転学・退学等をした児童については，その時点で指導要録の記入は終わるため，その時に押印して別に保存することになる。

また，学級担任者の印については，通常の場合，押印するのは正規の学級担任者である。しかし，臨時に学級を担当した教師がたまたま年度末や児童の転学などで指導要録の記入に当たった場合には，その教師が押印することになる。したがって，年度途中で学級担任者が代わった場合，前任者は押印する必要はない。

電子署名の利用

指導要録の作成，保存，送付に情報通信技術（ICT）を活用することは，現行の制度上でも可能である。書面に代えて電磁的記録を作成する場合には，押印の代わりに電子署名を行う。

電子署名とは，電磁的記録に記録できる情報について行われるもので，その情報を，署名を行った者が作成したということを示すものであると同時に，情報が改変されていないかどうかを確認することができるものである。

「校長氏名印・学級担任者氏名印」の記入例

年　度	令和2年度	令和3年度	令和4年度
区分＼学年	1	2	3
校長氏名印	小林　健二 ㊞	小林　健二 ㊞	小林　健二 （4〜10月） 渡辺　直美 ㊞ （11〜3月）●
学級担任者 氏　名　印	鈴木　聡子 ㊞	鈴木　聡子 ㊞ （4〜8月, 11〜3月） 宮田　徹平 （9〜10月）●	加藤　健太 ㊞
年　度	令和5年度	令和6年度	令和7年度
区分＼学年	4	5	6
校長氏名印	遠藤　晋 ㊞	遠藤　晋 ㊞	遠藤　晋 ㊞
学級担任者 氏　名　印	伊東　智之 ㊞	関口　彩香 ㊞	関口　彩香 ㊞

押印は，年度末や転学・退学時
など，指導要録の記入の終了時に
校長・学級担任者が行う
（この例では年度末）。

22 評価の考え方

各教科の学習の記録欄には何を書くか

　小学校における各教科に含まれるのは，国語・社会・算数・理科（3学年〜）・生活（低学年）・音楽・図画工作・家庭（高学年）・体育・外国語（高学年）である（右図参照）。この欄では，「観点別学習状況」及び「評定」について記入する。

　観点別評価は，児童の能力や技能などを三つの観点「知識・技能」「思考・判断・表現」「主体的に学習に取り組む態度」で分析的に評価するものである。三つの観点の状況をそれぞれ分けて細かに見取るため，学習上課題のある側面が分かり，形成的評価のための有用な情報を得ることができる。

　一方評定は，三つの観点別評価をまとめ，学習状況の全体を示すものである。例えば同じ評定2でも，「知識・技能」の評価が高く「思考・判断・表現」の評価が低い場合と，反対に「知識・技能」の評価が低く「思考・判断・表現」の評価が高い場合などが考えられる。それぞれの観点の評価がまとめて示されるため，学習上優れている側面や課題のある側面を見ることはできない。

観点別学習状況の評価はどのように行うか

　観点別学習状況の評価については，新学習指導要領に示す各教科の目標に照らし，目標の実現状況を観点ごとに評価し記入する。その際，「十分満足できる」状況と判断されるものをA，「おおむね満足できる」状況と判断されるものをB，「努力を要する」状況と判断されるものをC，のように区別して評価を記入する。

　その際「学びに向かう力，人間性等」については，「主体的に取り組む態度」として観点別学習状況の評価を通じて見取ることができる部分と観点別学習状況の評価にはなじまず，個人内評価などを通じて見取る部分があることに留意する必要がある。「主体的に学習に取り組む態度」については，各教科等の観点の趣旨に照らし，知識及び技能を獲得したり，思考力，判断力，表現力等を身に付けたりすることに向けた粘り強い取組の中で，自らの学習を調整しようとしているかどうかを含めて評価するとされている。

「各教科の学習の記録」の記入欄は？

参考様式

各 教 科 の 学 習 の 記 録							
教科	観　点　　　　学　　年	1	2	3	4	5	6
国語	知識・技能						
	思考・判断・表現						
	主体的に学習に取り組む態度						
	評定						
社会	知識・技能						
	思考・判断・表現						
	主体的に学習に取り組む態度						
	評定						
算数	知識・技能						
	思考・判断・表現						
	主体的に学習に取り組む態度						
	評定						
理科	知識・技能						
	思考・判断・表現						
	主体的に学習に取り組む態度						
	評定						
生活	知識・技能						
	思考・判断・表現						
	主体的に学習に取り組む態度						
	評定						
音楽	知識・技能						
	思考・判断・表現						
	主体的に学習に取り組む態度						
	評定						
図画工作	知識・技能						
	思考・判断・表現						
	主体的に学習に取り組む態度						
	評定						
家庭	知識・技能						
	思考・判断・表現						
	主体的に学習に取り組む態度						
	評定						
体育	知識・技能						
	思考・判断・表現						
	主体的に学習に取り組む態度						
	評定						
外国語	知識・技能						
	思考・判断・表現						
	主体的に学習に取り組む態度						
	評定						

5章　年度末　各教科の学習の記録

23 「評定」

どのような方法で行うか

　評定は，第3学年以上の各教科の学習の状況について記入する。新学習指導要領等に示す各教科の目標に照らし，実現状況について，「十分満足できる」状況と判断されるものを3，「おおむね満足できる」状況と判断されるものを2，「努力を要する」状況と判断されるものを1，のように区別して記入するとされている。また，三つの観点別評価をまとめて学習状況の全体を示すとされるが，観点別評価からどのように評定を出すかは，各学校の裁量に任されている。案として，下記2通りの求め方を例示する。

①　観点のウエイトを同一とする

　観点別評価で，Aを3，Bを2，Cを1と数字に置き換え，三つの観点の合計から評定を出す。

　評定3：9〜8　　　評定2：7〜5　　　評定1：4〜3

②　観点のウエイトに重み付けを行う

　例えば「主体的に学習に取り組む態度」は信頼性，妥当性の高い評価をすることが困難であるため，ほか2観点の1/2のウエイトとする。つまり，「知識・技能」「思考・判断・表現」はAを6，Bを4，Cは2とするが，「主体的に学習に取り組む態度」はAを3，Bを2，Cを1とし，三つの合計から評定を出す。

　評定3：15〜12　　　評定2：11〜7　　　評定1：6〜5

評定の客観性と信頼性を高めるために

　各教科等・各学年等の評価の観点等及びその趣旨を十分理解し，授業の中で具体化・細分化して見取ることが重要である。国立教育政策研究所で開発される評価規準なども活用し，各学校の実態に合った基準を作成することで，評価の客観性と信頼性を高めたい。また，前述したように，評定を付ける際の観点の重み付けが学校によって異なるケースがあるため，各学校は，評定の考え方について十分に情報発信を行うことが望ましい。

「評定」の記入例

※前ページ①「観点のウエイトを同一とする方法」で評価を行った場合

各 教 科 の 学 習 の 記 録								
教科	観　点＼学　年	1	2	3	4	5	6
国語	知識・技能	A	A	A	A	A	A
	思考・判断・表現	B	B	B	A	A	A
	主体的に学習に取り組む態度	A	B	B	B	A	A
	評定			2	3	3	3
社会	知識・技能			B	B	A	A
	思考・判断・表現			B	A	A	A
	主体的に学習に取り組む態度			A	A	B	A
	評定			2	3	3	3
算数	知識・技能	B	B	B	B	A	A
	思考・判断・表現	B	B	B	A	A	A
	主体的に学習に取り組む態度	B	A	A	A	B	A
	評定			2	3	3	3
理科	知識・技能			B	B	A	A
	思考・判断・表現			B	A	A	A
	主体的に学習に取り組む態度			A	A	B	A
	評定			2	3	3	3

24 知識・技能 の評価のポイント

どのように評価を行うか

　学習過程での知識及び技能の習得状況を見取るとともに，個別の事実的な知識のみでなく，相互に関連づけられ，ほかの学習や生活場面にも生かせるまで概念などを理解していたり，技能を身に付けていたりするかを見取る。指導要録の参考様式は変更がなく，観点別評価で数値評価を行う。

　評価資料としては，多くはペーパーテスト，作文，ワークシート，作品などが用いられる。しかし，授業中の発表や話合いが適切に行われていることや，発表や報告で使われた資料，教師や友達などによる相互評価の資料など，一定程度の時間（１単位時間や内容ごとなど）における，過程も含めた資料を収集し，継続的に評価することが大切である。

各教科における評価の例

　低学年の国語科を例に見ていく。国語科全体の「知識・技能」の趣旨は「日常生活に必要な国語について，その特質を理解し適切に使っている」，国語科の第１学年及び第２学年の趣旨は「日常生活に必要な国語の知識や技能を身に付けているとともに，我が国の言語文化に親しんだり理解したりしている」である。これらの趣旨を実際の学習内容と照らし，授業中の具体的な児童の学びの姿を想定して評価方法を検討することが必要となる。

　ペーパーテストでは，新学習指導要領において「深い学び」が求められていることから，単なる知識の記憶を求める問題だけでは不十分である。国語科の「知識及び技能」に含まれる語彙指導を例に取ると，意味を理解している語句の数を増やすだけでなく，話や文章の中で使いこなせる語句を増やすこと，語句と語句との関係など，意味や使い方に対する認識を深めることが求められている。したがって，ペーパーテストでは，学んだ語彙を答えさせる問題から，その語彙を使用した文章を書かせたり文中で使われている意味を考えさせたりする問題など，様々な組み合わせが必要となる。

知識・技能を評価するための課題

・ 事実的な知識の習得を問う問題例 ・

● はっきりと言わず，あいまいにすることを意味する表現はなんでしょうか。空欄に入る適切な言葉を答えてください。「言葉を〇〇〇」

● チョウのように，頭・むね・はらの三つの部分に分けることができ，むねにはあしが6本ある生きものを，なんといいますか。

・ 知識の概念的な理解を問う問題例 ・

● 「言葉をにごす」という表現を使った文を作成してください。

● こん虫とは，どのような体のつくりをしている生きもののことをいいますか。また，こん虫の例を三つあげてください。

パフォーマンスでの見取り

水を熱したときの変化を
調べる実験

安全に気をつけて
器具を使えているな

水の変化について
予想を立てながら
観察できているな

25 思考・判断・表現 の評価のポイント

どのように評価を行うか

　知識及び技能を活用し，課題解決などのために必要な思考力，判断力，表現力等が身に付いているかを評価する観点である。課題を多面的に考察しているか，観察・実験の分析や解釈から規則性を見付けているかなど，学習活動において思考・判断したことを，ペーパーテストだけでなく，要約や発表，討論などの表現活動や，運動，演奏，実験などの実演，作品などから見取る，パフォーマンス評価も用いることが大切である。指導要録の参考様式は変更がなく，観点別評価で数値評価を行う。

各教科における評価の例

　中学年の国語科を例に見ていく。「思考力，判断力，表現力等」に関する目標では，「日常生活における人との関わりの中で伝え合う力を高め，思考力や想像力を養う」と示されている。思考力や想像力を養うとは，言語を手掛かりとしながら論理的に思考する力や豊かに想像する力を養うことであり，認識力や判断力などと密接に関わりながら，新たなる発想や思考を創造する力を見取る。

　国語科全体の「思考・判断・表現」の趣旨は「『話すこと・聞くこと』，『書くこと』，『読むこと』の各領域において，日常生活における人との関わりの中で伝え合う力を高め，自分の思いや考えを広げている」，国語科の第3学年及び第4学年の「思考・判断・表現」の趣旨は「『話すこと・聞くこと』，『書くこと』，『読むこと』の各領域において，社会生活における人との関わりの中で伝え合う力を高め，自分の思いや考えを広げたり深めたりしている」とある。この観点の趣旨を実際の学習内容と照らし，授業中の具体的な児童の学びの姿を想定して単元計画を作成し，学習活動を進めていくことで適切な評価が実現できる。

　例えば，「書くこと」では，自分の考えを明確にし，書き方を工夫することが示されている。第3，4学年では，自分の考えとそれを支える理由や例が明確に書かれているかを見取ることが必要となる。

思考・判断・表現を評価するための課題

パフォーマンス評価の例

課題

日本の農業はピンチである。「どうすれば日本の農業問題を解決することができるだろう」。日本の農業の問題を解決するために，日本一の米どころ「庄内平野」と地元「讃岐平野」の米づくりを比較して調べ，自分たちの力で解決策を見いだそう。

ルーブリック

A	空間的，関係的な視点で社会的事象を捉え，多様な事象を比較，関連づけ，総合し，学びを通して問題解決を面で行っている。 また，身につけた見方・考え方で世の中を捉え直している。
B	空間的，関係的な視点で社会的事象を捉え，具体的事象同士を比較，関連づけ，総合し，問題解決を線で行っている。 また，学びを単元の問いと意味づけている。
C	空間的，関係的な視点で社会的事象を捉え，個別的な事象を比較，関連づけ，総合し，問題解決を点で行っている。 また，学びを本時の課題と意味づけている。

出典：黒田拓志「パフォーマンス評価で【目的】【内容】【方法】【評価】を明らかにする」『社会科教育』No.690，
明治図書，2016年10月，pp62-65より）

この課題のような，○や×で単純に判断のできない課題では，新たな評価の指標が必要になる。その指標のことをルーブリックという。

26 主体的に学習に取り組む 態度の評価のポイント

特徴

　知識及び技能や思考力，判断力，表現力等を身に付けることに向けた粘り強い取組を行おうとしているかと，自分の学習状況を把握し，自ら調整しようとしているかの二つについて評価する観点である。児童の学習改善と授業改善につながるとして重視されているが，授業中の挙手の回数やノートの取り方といった表面的な様子で評価すべきでないと言われており，見取りが難しい。

どのように評価を行うか

　レポートの記述・授業中の発言や行動・児童の自己／相互評価などの材料から，「自己の学習を自ら認知し，調整しようとする力＝メタ認知能力」を見取る。信頼性・妥当性の高い判断を下すことは容易ではないが，次ページに示した，メタ認知能力の発達段階例が参考となる。授業中の児童の感想や振り返りをこの発達段階と照らし，学習に取り組む態度を捉える工夫が必要である。

　「主体的に学習に取り組む態度」は，児童の学習改善と授業改善につながるものとして重視されている評価観点である。そのため，この観点に深く関わるメタ認知能力の発達を促すための評価とする工夫も大切である。何を学習しているのか，そしてその学習を通してどのような資質・能力が育成されるのか，児童自身によく理解させ，授業においては意識して学習のめあてを示すとともに，学習の振り返りを大切にしたい。

　またこの観点は，ほかの2観点に連動することにも留意する。「知識・技能」「思考・判断・表現」が高く，「主体的に学習に取り組む態度」のみ低いことは通常ないため，そうした評価になった際は要注意である。ただし，すでに知っていることが授業で繰り返され，学習意欲が後退することはある。その場合，児童自身に学習目標を立てさせるなど工夫する。例えば児童が「自分の知識をほかの児童に丁寧に説明する」と目標設定できた場合，表現力や思考力等が伸びたり次の疑問が生まれたりするなど「深い学び」への発展が期待できる。

どんなふうに行うか？

主体的に学習に取り組む態度の評価イメージ

○ 「主体的に学習に取り組む態度」の評価については，①知識及び技能を獲得したり，思考力，判断力，表現力等を身に付けたりすることに向けた粘り強い取組を行おうとする側面と，②①の粘り強い取組を行う中で，自らの学習を調整しようとする側面，という二つの側面から評価することが求められる。
○ これらの①②の姿は実際の教科等の学びの中では別々ではなく相互に関わり合いながら立ち現れるものと考えられる。例えば，自らの学習を全く調整しようとせず粘り強く取り組み続ける姿や，粘り強さが全くない中で自らの学習を調整する姿は一般的ではない。

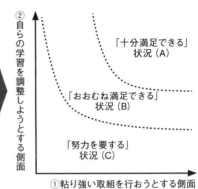

出典：国立教育政策研究所教育課程研究センター「学習評価の在り方ハンドブック 小・中学校編」, p9

メタ認知能力の発達段階例

【第一段階】
「学習が面白かった，楽しかった」という感想を言うことができる。
具体的な場面や，何が面白かったかについて言えるとなおよい。

【第二段階①】
大単元や小単元などまとまりのある学習が終了した後で，何を学んだかを言うことができる。
「正方形の面積の求め方や面積の単位が分かった」などと答えられること。

【第二段階②】
難しかったところやよく分からないところを言うことができる。
「割合の表し方がよく分からなかった」などと答えられること。

【第三段階】
分からなかったことやできなかったことについて，できるようにするための工夫や改良の方法を考えられること。また，考えたことにより分かるようになったりできるようになったりすること。

27 目標と評価の考え方

特徴と目標

　道徳教育は各教科を含め学校教育全体で行う。「特別の教科　道徳」はその要であり，小学校では平成30年度より全面実施された。道徳科の目標は「道徳教育の目標に基づき，よりよく生きるための基盤となる道徳性を養うため，道徳的諸価値についての理解を基に，自己を見つめ，物事を多面的・多角的に考え，自己の生き方についての考えを深める学習を通して，道徳的な判断力，心情，実践意欲と態度を育てる」である。

評価の考え方

　道徳科の学習状況や道徳性に係る成長の様子の把握は，児童の成長を積極的に受け止め，励ます視点から行うものである。人格全体に関わるものであり，数値による評価ではなく，文章を記述する。また，個人内評価であり，観点別に学習状況を捉える評価はなじまない。なお，入学者選抜などの調査書には記載しない。

　評価に当たっては，道徳科の学習活動に着目し，年間や学期といった一定のまとまりの中で，児童の学習状況や道徳性に係る成長の様子を把握する。その際，学校や児童の実態に応じて，教師の明確な意図の下，学習指導過程や学習方法の工夫と併せて下記のような考え方で適切に見取る必要がある。

① **児童が一面的な見方から多面的・多角的な見方へと発展させているか**
・道徳的価値に関わる問題に対する判断の根拠やそのときの心情を様々な視点から捉え考えようとしているか。
・自分と違う立場や感じ方，考え方を理解しようとしているか。

② **道徳的価値の理解を自分自身との関わりの中で深めているか**
・読み物教材の登場人物を自分に置き換えて考え，自分なりに具体的にイメージして理解しようとしているか。
・現在の自分を振り返り，自らの行動や考えを見直しているか。

「特別の教科　道徳」の記入欄は？

特　別　の　教　科　　道　徳	
学年	学習状況及び道徳性に係る成長の様子
1	
2	
3	
4	
5	
6	

発言が少なかったり考えを文章にすることが苦手だったりする児童は……
教師やほかの児童の発言をしっかり聞こうとする姿や考えを深めようとしている姿などに着目し，見取っていくことも大切！

5章
年度末

特別の教科　道徳

69

28 特別の教科　道徳 ▷▷ 「学習状況及び道徳性に係る成長の様子」

具体的な評価のポイント

　道徳科における学習状況や道徳性に係る成長の様子を把握するには，下記3点のようなポイントに注意するとよい。

① 評価資料の工夫

　評価に当たり，例えば下記のような複数の資料を活用する。

・児童の学習の過程や作品などの記録をファイルに蓄積したもの

・児童が道徳性を養う過程での児童自身のエピソードを累積したもの

・作文やレポート，スピーチやプレゼンテーションなど

　記録物や実演自体を評価するのではない点は注意が必要である。学習過程を通じていかに道徳的価値の理解を深めようとしていたか，自分との関わりで考えたかなど，成長の様子を見取るためのものであることに留意する。

② 児童が行う自己評価や相互評価の活用

　児童が行う自己評価や相互評価も，評価資料の一つとすることができる。自己評価や他者評価は，児童が自分のよい点や可能性に気付くことを通じ，主体的に学ぶ意欲を高めるなど，授業改善に役立つものであるため，効果的に活用し学習活動を深めていくことが重要である。

③ 組織的，計画的な評価の進行

　学習評価の妥当性，信頼性を担保するため，評価は教師が個人で行うのではなく，校長及び道徳教育推進教師のリーダーシップの下，学校として組織的・計画的に行う必要がある。そのためには，例えば集める資料や評価方法などを明確にしておくこと，評価結果について教師間で検討し評価視点など共通理解を図ること，評価に関する実践事例を蓄積し共有することなどが重要である。また，校長や副校長（教頭）の授業参加やほかの教師との協力的な指導を行うことで，児童の変容を複数人で見取り，評価に対して共通認識をもつ機会になり，評価を組織的に進めることができる。

「学習状況及び道徳性に係る成長の様子」の用語例

- 友達の思いや考えにうなずきながら，自分のこれまでの生活を振り返り，学習のめあてについて考えを深めるようになった。「ハムスターの赤ちゃん」の学習では，教材に登場するハムスターを自分の家で飼っている犬に重ね合わせて考え，命を大切にしたいという思いを強くしていた。

- 主人公の思いを自分のこととして捉え，自分自身を振り返り真剣に友達のことを考えている様子が見られた。「二羽のことり」ではヤマガラとウグイスの誘いに迷うみそさざいに自分を重ね，相手を思いやる気持ちをもつことの大切さに気付いていた。

- 教材文の主人公の思いや行動に対して「自分だったらどうしたらいいのだろうか」と考えを深めた。「お母さんのせいきゅうしょ」の学習では，自身を振り返り，「自分のできることは家でもやっていきたい」と今後の自分の生活に生かしていこうとする意欲を高めていた。

- 発言は控え目だったが，ワークシートに自分の考えをよく書き，毎回の道徳の授業で主人公の思いに共感したり自分なりの考えを深めたりしていた。「おじいさんこんにちは」ではこれまでの自分の体験を通して「礼儀」の大切さについて様々な場面を考えて学んでいた。

- 学習を通してこれからの自分の生き方につなげて考えている様子が多く見られるようになった。特に「真海のチャレンジ」ではパラリンピック選手の挑戦に共感するだけでなく，自分だったらどうするかを考え「よりよく生きる喜び」について深く考える姿が見られた。

授業でどのような学習活動が見られたのか（学習状況），授業中の発言やパフォーマンス，ワークシートなどの記述において見られた顕著な姿や思いや考えを深めた姿（成長の様子）を合わせて簡潔に表現しよう。

29 目標と評価の考え方

特徴と目標

　外国語活動は「聞くこと」「話すこと」を中心とする活動で，今回の改訂で中学年に新設された。前回の改訂で高学年に新設されたものが，大きく内容を変えず中学年に移っている（高学年では，文字や定型文について段階的に「読むこと」「書くこと」を加えた外国語科が，教科として位置付けられた）。

　外国語活動の目標は「外国語によるコミュニケーションにおける見方・考え方を働かせ，外国語による聞くこと，話すことの言語活動を通して，コミュニケーションを図る素地となる資質・能力を次のとおり育成することを目指す」とある。「聞くこと」「話すこと［やり取り］」「話すこと［発表］」の3領域で「知識及び技能」「思考力，判断力，表現力等」の資質・能力育成を通して「学びに向かう力，人間性等」の資質・能力の育成を目指すとされている。

評価の考え方

　外国語活動の評価では，数値的な評価は行わない。指導要録の参考様式で示された「知識・技能」「思考・判断・表現」「主体的に学習に取り組む態度」に則して学習状況を見取り，まとめて文章を記述する。

　「知識・技能」は，言語の大切さや豊かさ，日本語との違いなどに体験的に気付いているか，外国語の基本的な音声や表現に慣れ親しんでいるかを評価する。例えば，児童の振り返りカードやつぶやきから見取っていく。

　「思考・判断・表現」は，身近な事柄への自分の考えなどを伝え合っているかを評価する。例えば，家族や友達，生活などの情報や考えを外国語で聞いたり読んだりして的確に理解しているかや，外国語を話したり書いたりして適切に表現しているかを，児童のパフォーマンス・作品から見取っていく。

　「主体的に学習に取り組む態度」は，相手に気配りしながら，自ら外国語を使ってコミュニケーションを図ろうとしているかを評価する。例えば，振り返りカードやワークシート，自己評価カードなどで見取っていく。

外国語活動の観点と記入欄は？

観　点	趣　旨
知識・技能	・外国語を通して，言語や文化について体験的に理解を深めている。 ・日本語と外国語の音声の違い等に気付いている。 ・外国語の音声や基本的な表現に慣れ親しんでいる。
思考・判断・表現	身近で簡単な事柄について，外国語で聞いたり話したりして自分の考えや気持ちなどを伝え合っている。
主体的に学習に取り組む態度	外国語を通して，言語やその背景にある文化に対する理解を深め，相手に配慮しながら，主体的に外国語を用いてコミュニケーションを図ろうとしている。

外国語活動の参考様式

外 国 語 活 動 の 記 録			
学年	知識・技能	思考・判断・表現	主体的に学習に取り組む態度
3			
4			

外国語活動では，3観点の見取りを一つの欄にまとめて記入する

30 外国語活動の記録 ▷▷ 「所見」

何を書くか

　外国語活動の記録に書く「知識・技能」の評価とは，「体験を通して得たり深めたりした知識や技能」のことである。

　例えば，日本語と外国語を比較することで，音声の違いや特徴，言葉の仕組みに気付いたり，ゲームやアクティビティを通して外国語の音声や基本的な表現に慣れ親しんだりして体験的に身に付けた知識や技能について記入する。

　（例）○○する活動を通して，○○であることに気付いた。

　　　　○○ゲームを通して，○○を尋ねたり答えたりする表現に慣れ親しんだ。

　「思考力・判断力・表現力」の評価とは，「聞くこと」「話すこと［やり取り］」及び「話すこと［発表］」の三つの領域で，「身近な事柄について自分の考えや気持ちを外国語で伝え合う力の素地を養えたか」ということである。

　（例）「すきな遊びをつたえよう」の単元では，天気に応じた好きな遊びを提案したり答えたりして伝え合った。

　「主体的に学習に取り組む態度」の評価とは，従来からの，学習内容に関心をもつことではなく，他者を尊重し，相手に配慮しながらコミュニケーションを図ろうとする態度のことである。

　例えば，聞き手の理解の状況を確認しながら話しているか，相手の発話に反応しながら聞き続けようとする態度を示しているかなど，相手への配慮を見取り，記入する。

　（例）「おすすめの文房具セットをつくろう」の単元では，聞き手に伝わるようにジェスチャーをつけながら，文房具などの持ち物について尋ねたり答えたりした。

「外国語活動の記録」の用語例

- 「あいさつをして友だちになろう」の単元では，世界のあいさつゲームを通して，世界には様々な言語があることに気付くとともに，あいさつや名前の言い方に慣れ親しんだ。

- 「ごきげんいかが？」の単元では，表情を変えたりジェスチャーを付けたりして相手に伝わるように工夫をしながら，友達に機嫌や様子を尋ねたり答えたりした。

- 「数えてあそぼう」の単元では，同じ数のりんごを持っている友達を見付ける活動で，たくさんの友達とりんごの数を伝え合った。

- 「すきなものをつたえよう」の単元では，色の外来語を通して日本語と外国語の違いに気付き，様々な色の言い方への理解を深めた。

- 「これなあに？」の単元で行ったスリーヒントクイズで，三つのヒントを出して，ある物が何かを尋ねたり答えたりし合った。

- 「何がすき？」の単元では，おはじきゲームを通して日本語と外国語の音声の違いに気付くとともに，身の回りの物の言い方に慣れ親しんだ。

- 「きみはだれ？」の単元では，絵本の台詞発表会で，短い話を反応しながら聞くとともに，聞き手に伝わるように台詞をまねて話そうとしていた。

- 「アルファベットとなかよし」の単元では，アルファベット探しの活動を通して，身の回りにはアルファベットの大文字で表されているものがたくさんあることに気付き，活字体の大文字とその読み方に慣れ親しんだ。

- 「お気に入りの場所をしょうかいしよう」の単元では，校内の好きな場所紹介の活動を通して，自分のお気に入りの場所に友達を案内したり，その場所について紹介し合ったりした。

- 「今，何時？」の単元では，世界の国や地域によって時刻が異なることに気付くとともに，既習の数の表現を使って時刻や日課を伝え合った。

- 「すきな遊びをつたえよう」の単元では，ジェスチャーや表情を工夫して相手に伝わりやすいよう配慮しながら，遊びについて尋ねたり，自分の好きな遊びに誘ったりした。

31 目標と評価の考え方

特徴と目標

　総合的な学習の時間は，平成10年の学習指導要領改訂時に，第3学年以上に新設された領域で，年間70単位時間を確保することとされている（低学年には総合的な教科である生活科が設置されている）。学習指導要領の内容を受け，各校で目標を設定し，各校で探究課題を設定するところにその特徴がある。

　新学習指導要領において，総合的な学習の時間の目標は「探究的な見方・考え方を働かせ，横断的・総合的な学習を行うことを通して，よりよく課題を解決し，自己の生き方を考えていくための資質・能力を育成することを目指す」と示されている。

　更に，その資質・能力を育成することを目指すとして，以下の3点を挙げている。

① 探究的な学習の過程において，課題の解決に必要な知識及び技能を身に付け，課題に関わる概念を形成し，探究的な学習のよさを理解するようにする。

② 実社会や実生活の中から問いを見いだし，自分で課題を立て，情報を集め，整理・分析して，まとめ・表現することができるようにする。

③ 探究的な学習に主体的・協働的に取り組むとともに，互いのよさを生かしながら，積極的に社会に参画しようとする態度を養う。

評価の考え方

　今回の改訂により，ほかの教科同様，総合的な学習の時間においても「知識・理解」「思考・判断・表現」「主体的に学習に取り組む態度」の3観点が示された。

　参考様式には変更がなく，次ページに示す通り，「学習活動」「観点」「評価」の3項目が示されている。「評価」は文書記述で，児童にどのような力が付いたか，端的に記入する。

　次節より，「学習活動」「観点」「評価」の欄についてそれぞれ何を記入すればよいか，詳しく述べていく。

総合的な学習の時間の観点と記入欄は？

総合的な学習の時間の観点及びその趣旨

観　点	趣　旨
知識・技能	探究的な学習の過程において，課題の解決に必要な知識や技能を身に付け，課題に関わる概念を形成し，探究的な学習のよさを理解している。
思考・判断・表現	実社会や実生活の中から問いを見いだし，自分で課題を立て，情報を集め，整理・分析して，まとめ・表現している。
主体的に学習に取り組む態度	探究的な学習に主体的・協働的に取り組もうとしているとともに，互いのよさを生かしながら，積極的に社会に参画しようとしている。

総合的な学習の時間の参考様式

学年	学　習　活　動	観　点	評　価
3			
4			
5			
6			

総合的な学習の時間の記録

何を書くか

前ページでも述べたとおり，探究課題は各校で決めることとなる。学習活動のレベルにおいては，学年や学級同一で取り組む場合と，児童個々人で個別の学習活動を行う場合とが想定される。指導要録の性質からすると，いずれの場合も，次の学年に引き継ぐべきは，どのような学習活動でどのような資質・能力が育まれたか，ということである。

記入欄のスペースの関係上，全ての学習活動を記録することは困難である。そこで，記載する学習活動を選択する際には，新学習指導要領において「目標を実現するにふさわしい探究課題」として例示された下記3点を参考にしたい。

① 国際理解，情報，環境，福祉・健康などの現代的な諸課題に対する横断的・総合的な課題

② 地域の人々の暮らし，伝統と文化など地域や学校の特色に応じた課題

③ 児童の興味・関心に基づく課題

上記①～③は児童が探究するに当たり，興味・関心の対象となりやすく，今日的課題を内包していることで多様な情報収集が可能であり，横断的・総合的学習として他教科などでの学びを発展させることのできる課題であると言える。

どのように書くか

各学習活動は，それがどのような学習活動であったか，取組内容を端的に表すべきである。特に児童一人一人が個別の学習活動に取り組んだ場合，より注意が必要である。内容を的確に言い表さない個性的な単元名を記すことは，「次年度に情報を引き継ぐ」という視点と，限られたスペースである「評価」欄における活動内容補足の必要性が生じることから，避けなければならない。授業において児童に提示した単元名を，そのまま学習活動の欄に記入する必要はないのである。スペースに余裕があれば，学習活動名の下に内容を補足する文章を付け加えることも考えられる。

「学習活動」の用語例

・国際理解，情報，環境，福祉・健康などの現代的な諸課題に対する横断的・総合的な課題・

●世界ONE TEAM〜ユニセフって何?〜

●SNSの便利さと怖さ

●持続可能な社会って?

●高齢社会で共に生きる

●見えているのに気付いていない〜私の町のバリアフリー〜

●パラリンピアンに挑戦しよう!

●ボランティアってなんだろう

・地域の人々の暮らし，伝統と文化など地域や学校の特色に応じた課題・

●学校自慢をしよう

●だるま市に詳しくなろう

●祭り自慢になろう

●高齢者に聞こう昔の暮らし

●私たちの街の名人を探せ

●私たちの街自慢観光ガイドマップづくり

・児童の興味・関心に基づく課題・

●ようこそ日本に〜交換留学生を迎えて

●オリンピック・パラリンピックのお友達国に詳しくなろう

●ラグビー W杯の出場国に詳しくなろう

●給食を深掘りしよう

●郷土食を紹介しよう

●行列のできるお店の秘密に迫ろう

33 「観点」

何を書くか

　前述の通り，総合的な学習の時間は，各学校において各種条件を踏まえて学習活動や目標が設定される。それに伴い，「観点」についても，各学校で検討を経て設定していくことが求められる。他教科と同じように3観点が示されているが，それらをそのまま記すのではなく，それらを踏まえた上で各学校で定めるのである。その際に鍵を握るのが，「探究的な学習」であるということだ。学習過程を探究的にすることと，他者と協働して主体的に取り組む学習活動にすることが求められているため，評価の観点もこれに対応する形で表現されるべきと考えられるのである。

　これを前提として，観点の決め方には，以下の3通りが考えられる。

①　総合的な学習の時間の特質を踏まえた探究活動を軸にした決め方

　「課題の設定の能力」「情報の収集能力」「整理・分析力」「まとめ・表現する力」など，学習活動で繰り返される段階を観点とし，その時点での児童の状況を記述することで次につなげていく。

②　各教科との関連を明らかにした決め方

　新学習指導要領において，他教科同様，総合的な学習の時間も三つの観点「知識・技能」「思考・判断・表現」「主体的に学習に取り組む態度」が示されている。これら三つの観点を基本とし，それぞれの学校で定めた学習活動に応じた文言を添えて設定する。

③　各学校の目標や内容に基づいた決め方

　総合的な学習の時間においては，各学校で育てたい児童像に基づいて，学習活動を設定することができる。各学校の地域の特性に合わせて伝統的な地域の文化を設定したり，食育など，各学校で重視しているものから選んだりすることが考えられる。

　以上①～③の決め方による観点の例を，次ページに記す。

「観点」の用語例

・総合的な学習の時間の特質を踏まえた探究活動を軸にして決めた場合の例・

●課題の設定の能力

●情報の収集能力

●整理・分析力

●まとめ・表現する力

・各教科との関連を明らかにして決めた場合の例・

●探究活動を通して身に付けた知識・技能

●追究活動における思考・判断・表現

●学習活動に主体的に取り組む態度

・各学校の目標や内容に基づいて決めた場合の例・

●人とのかかわり方

●地域の祭りへの参加意欲

●いろいろな国の人と笑顔であいさつができる

総合的な学習の時間を通してどのように児童を育てるのか共通理解し，それに向けて必要な力を付けていくための観点となることが大切！

34 「評価」

どのように評価するか

　総合的な学習の時間では，数値による評価は行わない。単元全体や年間を通して児童一人一人のよい点や学びや育ちの姿を個人内評価の立場で見取り，所見を記述する。その際求められることとして，新学習指導要領では，①信頼される評価方法であること，②多面的な評価方法であること，③学習の結果だけではなく過程を評価すること，の三つを示している。

①　信頼される評価の方法

　教師間で著しく異なったり偏ったりすることなく，どの教師も同じように判断できることが大事である。それを実現するためには，評価の観点や基準を確認しておくことや，一定程度の時間数の中で評価することなどが必要となる。

②　多面的な評価の方法

　多様な評価方法や異なる評価者による評価などを組み合わせ，児童の学びや成果を多面的に捉えることが重要である。評価方法としては，発表や話合いの状況，レポートや絵などの制作物，学習活動の過程などを計画的に集めたポートフォリオなどが挙げられる。また，評価者に関しても，主に関わった教師の評価はもちろんのこと，お世話になった地域の方からの聞き取りや同じグループの児童同士の相互評価，その担当教師の評価などを総合的に勘案して，児童の学びや育ちの姿を明確にした評価を行うことが求められる。

③　学習過程全体を評価する

　学習結果の評価だけでは，学習活動の中で児童が何を学び，どのように生かしていったのかを見ることができない。プレゼンテーションや発表の出来栄えだけでなく，学習過程の中でのつぶやきや記入したカードなど，学習前や学習途中の児童の実態を見取ることが大切である。次の活動につなげる支援をしながら，その支援の結果である児童の学びや育ちの姿なども含めて，総合的に見取っていくことが求められているのである。

「評価」の用語例

- インタビューの仕方について，何を話すかだけではなく，どのように話すかも大切であることを体感し，次の機会の準備に生かすことができた。

- 図書室の本・先生への質問・関係者へのインタビュー・実際にその場に行って調査・インターネットでの検索など，情報収集方法の種類を増やすことができた。

- 自分の考えを広げたり深めたりするためには，人の話を聞いたり，自分の考えを問うたりするなど，話合いの質を上げていくことが大切であることを学んだ。

- 一つのことを追究すると，そこから派生して様々な追究課題が出てくることを実感し，学ぶことの楽しさや充足感を味わうことができた。

- 動画による説明がよいか，静止画による説明がよいかなど，調べたことを効果的に表現する方法を選択する力が付いた。

- 取材に行く際には，発表することを考えて必要なツールをもっていくなど，ゴールから遡って準備する計画性が身に付いた。

- 人には様々な感じ方や考え方があり，違いを埋めたり，違いを認めて理解し合ったりする必要があることを理解した。

- 世界のあいさつを調べる中で，授業で学んだ英語を生かすことができ，もっと学びたいという意欲を高めることができた。

- 世界の料理調べでは，それぞれの国には食材・調理法・調理器具など，それぞれの食文化があることを知り，自分に合うか合わないかではなく，違いを認め，尊重し合うものであることを学んだ。

- 「いよいよ最高学年！」の単元では，来年度入学してくる近隣園に出向き，入学に対する園児の期待と不安や，言葉の理解力をリサーチし，それを基に，小学校生活の楽しさを伝えることができた。簡単な言葉に変換するなど相手の側に立って表現することの大切さを学んだ。

- 給食調べでは，当初「なぜおいしいか」という抽象的な問いから始まったが，家庭科学習の栄養や保健体育で学んだ健康や成長，海外の食文化や和食のすばらしさ，作法やマナーへと学習を広げていった。一つのきっかけで様々な広がりや深まりがあることを経験し，探究することのおもしろさを味わった。

35 目標と評価の考え方

特徴と目標

　小学校の特別活動は，様々な集団活動の中で，児童が集団や自己の課題の解決に向けて取り組む活動であり，「学級活動」「児童会活動」「クラブ活動」「学校行事」からなる。「なすことによって学ぶ」ことが方法原理として貫かれている。

　特別活動の目標は，「集団や社会の形成者としての見方・考え方を働かせ，様々な集団活動に自主的，実践的に取り組み，互いのよさや可能性を発揮しながら集団や自己の生活上の課題を解決することを通して，次のとおり資質・能力を育成することを目指す」と示されている。

　特別活動で育成を目指す資質・能力や学習過程は，「人間関係形成」「社会参画」「自己実現」の三つの視点から整理される。人間関係形成は「集団の中で，人間関係を自主的，実践的によりよいものへと形成するという視点」，社会参画は「よりよい学級・学校生活づくりなど，集団や社会に参画し様々な問題を主体的に解決しようとするという視点」，自己実現は「集団の中で，現在及び将来の自己の生活の課題を発見し，よりよく改善しようとする視点」である。

評価の考え方

　特別活動の記録では，「学級活動」「児童会活動」「クラブ活動」「学校行事」について記入する。各学校が自ら定めた特別活動全体に係る評価の観点のもと，十分満足できる活動の状況にあると判断される場合に○印を記入する形で行う（各項目の十分満足できる状況例に関しては88～91ページを参照されたい）。

　評価に当たっては，活動の結果だけでなく，活動過程における評価を重視する必要がある。そのためにも，各活動，学校行事における児童の姿について学級担任以外の教師と共通理解を図ることが大切である。また，児童の自己評価や相互評価についても，学習評価の参考資料として適切に活用することが求められる。なおこの評価は，目標の実現状況によって評価する絶対評価であるため，○印を付ける児童の比率を考慮する必要はない。

特別活動の特徴と記入欄は?

特別活動において育成を目指す資質・能力の視点について

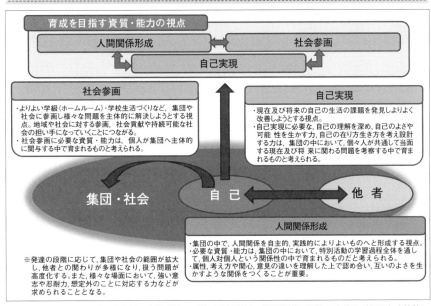

育成を目指す資質・能力の視点

人間関係形成 ←→ 社会参画

自己実現

社会参画
・よりよい学級（ホームルーム）・学校生活づくりなど，集団や社会に参画し様々な問題を主体的に解決しようとする視点。地域や社会に対する参画，社会貢献や持続可能な社会の担い手になっていくことにつながる。
・社会参画に必要な資質・能力は，個人が集団へ主体的に関与する中で育まれるものと考えられる。

自己実現
・現在及び将来の自己の生活の課題を発見しよりよく改善しようとする視点。
・自己実現に必要な，自己の理解を深め，自己のよさや可能性を生かす力，自己の在り方生き方を考え設計する力は，集団の中において，個々人が共通して当面する現在及び将来に関わる問題を考察する中で育まれるものと考えられる。

集団・社会 　　　自己 ←→ 他者

人間関係形成
・集団の中で，人間関係を自主的，実践的によりよいものへと形成する視点。
・必要な資質・能力は，集団の中において，特別活動の学習過程全体を通して，個人対個人という関係性の中で育まれるものだと考えられる。
・属性，考え方や関心，意見の違いを理解した上で認め合い，互いのよさを生かすような関係をつくることが重要。

※発達の段階に応じて，集団や社会の範囲が拡大し，他者との関わりが多様になり，扱う問題が高度化する。また，様々な場面において，強い意志や忍耐力，想定外のことに対応する力などが求められることとなる。

出典：幼稚園，小学校，中学校，高等学校及び特別支援学校の学習指導要領等の改善及び必要な方策等について（答申）別添資料17

特別活動の参考様式

特 別 活 動 の 記 録								
内　　　容	観　　点　　　　学　年	1	2	3	4	5	6
学級活動							
児童会活動							
クラブ活動							
学校行事							

何を書くか

今回の『通知』により，特別活動においても，他教科と同様，「知識・技能」「思考・判断・表現」「主体的に学習に取り組む態度」の三つが評価の観点として示された。

しかし，前述したとおり，特別活動の評価の観点は各学校が自ら定めるとされており，特別活動の特質や学校として重点化した内容を踏まえ，それぞれの学校がより具体的に定めることも考えられる。

例えば，「主体的に学習に取り組む態度」を「主体的に生活や人間関係をよりよくしようとする態度」とするなどである。

ただし各学校が独自に観点を設定する場合は，特別活動において育成を目指す資質・能力の三つの視点「人間関係形成」「社会参画」「自己実現」などを踏まえ，学校として何に重きを置くかを十分に検討するなど，独善的にならないよう留意する必要がある。

評価規準をどう定めるか

さらに，実際の評価では，それぞれの内容について各観点における具体的な評価規準を定めるとともに，「三つの観点のうち，二つの観点で十分満足できる活動の状況にあると判断される場合に○印を記入する」あるいは，「すべての観点で十分満足できる活動の状況にあると判断される場合に○印を記入する」など，学校として具体的な評価の判定方法を定めておく必要がある。

特に児童会活動やクラブ活動は指導者が担任以外の場合も多いため，校内で共通理解を図っておくことが不可欠となる。

なお，各観点における評価規準は，各活動における具体的な観察場面を想定し，児童の発達段階を考慮して低・中・高学年別に定めておくことが望ましい。

特別活動の観点の趣旨と用語例は？

特別活動において育成を目指す資質・能力の視点

観　点	趣　旨
知識・技能	多様な他者と協働する様々な集団活動の意義や，活動を行う上で必要となることについて理解している。 自己の生活の充実・向上や自分らしい生き方の実現に必要となることについて理解している。 よりよい生活を築くための話合い活動の進め方，合意形成の図り方などの技能を身に付けている。
思考・判断・表現	所属する様々な集団や自己の生活の充実・向上のため，問題を発見し，解決方法について考え，話し合い，合意形成を図ったり，意思決定をしたりして実践している。
主体的に学習に取り組む態度	生活や社会，人間関係をよりよく築くために，自主的に自己の役割や責任を果たし，多様な他者と協働して実践しようとしている。 主体的に自己の生き方についての考えを深め，自己実現を図ろうとしている。

>> 観点の用語例

●よりよい生活を築くための知識・技能

●集団や社会の形成者としての思考・判断・表現

●主体的に生活や人間関係をよりよくしようとする態度

37 「学級活動」

　学級活動は，共に生活や学習に取り組む同年齢の児童で構成される集団である「学級」において行われる活動のことをさす。学級活動は，それぞれの特質に応じて「(1)学級や学校における生活づくりへの参画」「(2)日常の生活や学習への適応と自己の成長及び健康安全」「(3)一人一人のキャリア形成と自己実現」の内容に分類される。「(3)一人一人のキャリア形成と自己実現」は，今回の改訂で新設された項目である。これにより，キャリア教育の視点から小・中・高等学校のつながりが明確化された。

目　標　学級や学校での生活をよりよくするための課題を見いだし，解決するために話し合い，合意形成し，役割を分担して協力して実践したり，学級での話合いを生かして自己の課題の解決及び将来の生き方を描くために意思決定して実践したりすることに，自主的，実践的に取り組むことを通して，第1の目標に掲げる資質・能力を育成することを目指す。

【十分満足できる状況例】
・話合い活動のルールに従って自分の意見を述べたり友達の意見を聞いたりしている。
・基本的な話合いの進め方を理解し，司会や記録の役割を担ったり友達の意見につなげる発表の仕方を工夫したりしている。
・話合いの進め方を理解し，議題の提案，意見の集約，合意・決定などを適切に行っている。
・見通しをもって係活動の計画を立て，友達と協力して実践している。
・健康によい食事のとり方について考え，好き嫌いなく食べようと努めている。
・1年間のめあてを考え，それを達成しようと計画を立てて実践している。
・日常の学習や生活を振り返り，自分の課題を見付け，その解決に向けて進んで実践している。
・最高学年としての自覚をもち，自分の役割を果たすための具体的な活動を考え，学校全体のために働こうと実践している。

38 「児童会活動」

　児童会活動は，全児童をもって組織する異年齢集団の児童会によって自発的，自治的に行われる活動のことをさす。運営には主として高学年の児童が当たることが多い。

　内容としては「(1)児童会の組織づくりと児童会活動の計画や運営」「(2)異年齢集団による交流」「(3)学校行事への協力」が挙げられる。

目標　異年齢の児童同士で協力し，学校生活の充実と向上を図るための諸問題の解決に向けて，計画を立て役割を分担し，協力して運営することに自主的，実践的に取り組むことを通して，第1の目標に掲げる資質・能力を育成することを目指す。

【十分満足できる状況例】

・所属する委員会が学校生活に果たす役割を理解し，その役割を果たすために話し合い，合意形成を図ることができている。

・学校生活の課題を見いだし，所属している委員会として解決できることを考え，実現可能な方法を工夫して実践している。

・所属する委員会の活動に責任をもって取り組み，友達と協力してその役割を果たそうとしている。

・委員会からの提案やお願いの趣旨や内容を理解し，協力している。

・代表委員会から学級に依頼された課題について，自分の意見を積極的に述べている。

・児童会集会活動において，ほかの学年や学級の友達との交流を楽しみながら，協力して活動に取り組んでいる。

・児童会集会活動において，異年齢集団による交流の大切さをよく理解し，上級生として，下級生をやさしくリードしながら，積極的に関わりをもとうとしている。

39 特別活動の記録 ▷▷
「クラブ活動」

　クラブ活動は，主として第4学年以上の同好の異年齢の児童の集団によって行われる活動のことをさす。

　内容は「(1)クラブの組織づくりとクラブ活動の計画や運営」「(2)クラブを楽しむ活動」「(3)クラブの成果の発表」の三つが挙げられる。

> **目　標**　異年齢の児童同士で協力し，共通の興味・関心を追求する集団活動の計画を立てて運営することに自主的，実践的に取り組むことを通して，個性の伸長を図りながら，第1の目標に掲げる資質・能力を育成することを目指す。

【十分満足できる状況例】
- クラブの計画や運営について，下級生をリードして適切に話し合うことができている。
- クラブの計画や運営について，上級生と協力して積極的に話合いに参加することができている。
- 所属するクラブの下級生に対して思いやりの気持ちをもって接し，交流を深めながら集団をまとめ，楽しく協力して活動に取り組んでいる。
- 所属するクラブの上級生に尊敬の気持ちをもって接し，交流を深めながら楽しく協力して活動に取り組んでいる。
- 毎回，活動内容を振り返り，次の計画や活動に生かそうとしている。
- クラブ発表会に向け，1年間の活動のまとめとしてふさわしい内容・方法について，下級生をリードして話し合い，意見をまとめている。
- クラブ発表会では，自分が取り組んだ1年間の活動の成果を発表しようと意欲的に取り組んでいる。
- 来年度新たなクラブを設置しようと他学年にも声をかけ，クラブの内容や魅力について伝え，同好の友達を募っている。

40 「学校行事」

　学校行事は，全校又は学年という大きな集団を単位として行われる活動のことをさす。

　内容としては「(1)儀式的行事」「(2)文化的行事」「(3)健康安全・体育的行事」「(4)遠足・集団宿泊的行事」「(5)勤労生産・奉仕的行事」の五つが挙げられる。

| 目　標 | 全校又は学年の児童で協力し，よりよい学校生活を築くための体験的な活動を通して，集団への所属感や連帯感を深め，公共の精神を養いながら，第1の目標に掲げる資質・能力を育成することを目指す。 |

【十分満足できる状況例】
- 入学式などの儀式的行事の意義を理解し，厳粛な態度で式に臨んでいる。
- 学芸会，展覧会，音楽会，学習発表会などに向け，日頃の学習の成果が出せるよう，話合い活動を通して学級としてのめあてを決めることができている。
- 学芸会，展覧会，音楽会，学習発表会などにおいて，友達の発表や作品のよさを積極的に見付けようとしている。
- 避難訓練を通して地震や火災発生時に安全に避難する方法を身に付け，安全な生活に対する理解を深めている。
- 運動会を振り返り，自分の役割や参加の仕方，成果や課題についてまとめることができている。
- 遠足や移動教室の往復において公衆道徳を守る意義について考え，安全な行動を行うことができている。
- 移動教室が楽しいものとなるよう，ルールやマナーを守り，友達と折り合いを付けながら協調して生活することができている。
- 校内大掃除や地域清掃活動の意義を理解し，自分から率先して活動に取り組んでいる。

41 評価の考え方

何を評価するか

　行動の記録では，各教科，道徳科，外国語活動，総合的な学習の時間，特別活動やその他学校生活全体にわたって認められる児童の行動についての評価を記入する。評価を行う項目は，「基本的な生活習慣」「健康・体力の向上」「自主・自律」「責任感」「創意工夫」「思いやり・協力」「生命尊重・自然愛護」「勤労・奉仕」「公正・公平」「公共心・公徳心」の10項目である（右図参照）。

　各項目の趣旨に照らして「十分満足できる状況」にあると判断される場合に学年ごとに○印を記入することとされている。また，特に必要があれば，項目を追加して記入することもできる。所見については，前々回の改訂時に引き続き「総合所見及び指導上参考となる諸事項」欄に記入する（106ページ参照）。

どのように評価するか

　評価は，観察法，面談（面接）法，質問紙法などによって収集された客観的な資料に基づいて記入することが重要である（38〜43ページ参照）。そして種々の記録や資料に基づいて一人一人の児童の行動を把握し，各項目の評価を行う際には，「十分満足できる状況」にあると評価する基準が必要になる。この基準がなかったり，抽象的だったり，教師の主観が入りやすいものであったりすると，妥当な評価はできない。そのため各学校では，学年ごとに各項目について「十分満足できる状況」の基準をしっかり設定することが大事である。その際の参考になるよう，「十分満足できる状況」の例を94ページから項目ごとに示した。鋭意努力して，適切な基準の作成に努めてほしい。

　なおこの評価は，ほかの児童と比較して評価する相対評価（集団準拠評価）ではなく，目標の実現状況によって評価する絶対評価（目標準拠評価）である。そのため，学級内で○印を付ける児童の比率を考慮する必要はない。ほとんどの児童に○を記入することも，反対に，ほとんどの児童に○を記入しないこともあり得る。

「行動の記録」の記入欄は？

		行		動		の		記		録				
項　目	学　年	1	2	3	4	5	6	項　目	学　年	1	2	3	4	5	6
基本的な生活習慣								思いやり・協力							
健康・体力の向上								生命尊重・自然愛護							
自主・自律								勤労・奉仕							
責任感								公正・公平							
創意工夫								公共心・公徳心							

必要があれば，ここに
項目を追加することが
できる。

児童の個性を伸ばすための評価
と考え，ほかの児童と比べるので
はなく，その子自身をよく見て，
よく理解した上で，評価の基準に
合致しているものに積極的に○印
を付けよう。

42 「基本的な生活習慣」

1・2年 安全に気を付け，時間を守り，物を大切にし，気持ちのよいあいさつを行い，規則正しい生活をする。

【十分満足できる状況例】
- 通学路や交通ルールを守って登下校している。
- 教室内や廊下できまりを守り，落ち着いて過ごしている。
- 登下校時刻やチャイムに気を付け，学校生活を送ることができる。
- 自分の持ち物を整理したり，忘れ物に気を付けたりすることができる。
- 「おはようございます」「さようなら」などのあいさつができる。
- 「ありがとう」「ごめんなさい」などの気持ちを伝えることができる。
- 手洗いや着替え，給食の準備や片付けの習慣を身に付けている。

3・4年 安全に努め，物や時間を有効に使い，礼儀正しく節度のある生活をする。

【十分満足できる状況例】
- 周囲の様子に気を付けながら，登下校している。
- 教室内や廊下で，安全に落ち着いて行動することができる。
- 生活時程やチャイムに気を付け，次の行動に移ることができる。
- 持ち物を大切に使い，整理整頓や学習用具の準備をすることができる。
- 気持ちのよいあいさつや丁寧な言葉遣いで，教師や友達と話している。
- 授業中のルールを守り，黙って話を聞いたり，自分の意見や考えを述べたりすることができる。

5・6年 自他の安全に努め，礼儀正しく行動し，節度を守り節制に心掛ける。

【十分満足できる状況例】
- 周囲の状況，周りの友達や下級生に配慮しながら，安全に行動できる。
- 相手の気持ちを考えて行動することができる。
- 丁寧な言葉や，目上の人に対する敬語などを遣うことができる。
- 教室の整理整頓に努めたり，時刻や時間に応じた行動をしている。
- 授業中のルールやマナーを守り，友達の発言を聞いたり，場に応じた発言・発表をしたりすることができる。

43

行動の記録 ▷▷
「健康・体力の向上」

1・2年 心身の健康に気を付け，進んで運動をし，元気に生活をする。

【十分満足できる状況例】
・早寝早起きなど，規則正しい生活をしている。
・汗の始末や手洗い・うがいなどをすることができる。
・休み時間，元気に外遊びをしている。
・ボール遊びや鉄棒，鬼ごっこなどいろいろな遊びをしている。
・体育の授業では，楽しく，力いっぱい体を動かすことができる。
・給食では，嫌いなものでも健康のことを考え，食べようとしている。

- -

3・4年 心身の健康に気を付け，運動をする習慣を身に付け，元気に生活をする。

【十分満足できる状況例】
・起床や就寝時刻，登下校時刻などの生活リズムを守っている。
・体温調節を考えて衣服の調節をしたり，感染症に気を付けて手洗いうがい，換気などをしたりすることができる。
・休み時間，進んで外遊びをしている。
・体育の授業では，進んで運動に取り組み，全力で体を動かすことができる。
・保健の学習で学んだことを生活に生かそうとしている。
・給食では，健康のために嫌いなものでもがんばって食べている。

- -

5・6年 心身の健康の保持増進と体力の向上に努め，元気に生活をする。

【十分満足できる状況例】
・規則正しい生活リズムを意識して行動することができる。
・身の回りの清潔を保ったり，清掃や換気などの教室環境に気を付けたりすることができる。
・休み時間，進んで体を動かして遊んだり，縄跳びや鉄棒などに積極的に挑戦したりしている。
・保健の学習で学んだことを生かし，健康や安全，生活リズムに気を付けて生活している。
・給食では，食物の栄養素やバランスを意識して，自分に適した量を食べている。

5章 年度末 行動の記録

44 「自主・自律」

1・2年 よいと思うことは進んで行い，最後までがんばる。

【十分満足できる状況例】
- 自分の考えや気持ちを言うことができる。
- 自分の考えで行動しようとする。
- 自分のことは自分でする習慣が身に付いている。
- 分からないことやできないことでもあきらめず，教師に聞くなどして取り組むことができる。
- 学校のきまりを守ろうとする。
- 給食当番や掃除当番の仕事に面倒がらず取り組んだり，係の仕事に忘れず取り組んだりしている。

- -

3・4年 自らの目標をもって進んで行い，最後までねばり強くやり通す。

【十分満足できる状況例】
- 正しいと思うことをはっきりと言うことができる。
- きまりや友達のことを考えながら，自分の考えで行動しようとする。
- 自分のめあてと考えをもち，学習に意欲的に取り組んでいる。
- 分からないことや苦手なことにも，あきらめず最後まで取り組むことができる。
- 係や当番の仕事などに進んで取り組んでいる。
- 身の回りの整頓や宿題などを自分で進めたり，生活リズムを自分で整えようとしたりしている。

- -

5・6年 夢や希望をもってより高い目標を立て，当面の課題に根気強く取り組み，努力する。

【十分満足できる状況例】
- 自分の考えをもち，工夫しながら学習に取り組むことができる。
- 難しい課題に対しても，あきらめず最後まで取り組むことができる。
- よりよい自分を目指し，目標を立てて学習に取り組むことができる。
- 友達やクラスのことを考え，話し合ったり行動したりすることができる。
- 自分の役割を果たすとともに，進んで役割を引き受けようとする。

45 「責任感」

1・2年 自分でやらなければならないことは，しっかりと行う。

【十分満足できる状況例】
・自分のことは自分でやろうとする。
・間違いや失敗をしたときに謝ることができる。
・学習課題や宿題を，後回しにせず終わらせることができる。
・係や当番の仕事を忘れずするように努めている。
・学習や遊びの後片付けができる。
・学校やクラスのきまりを守ろうとしている。

- -

3・4年 自分の言動に責任をもち，課せられた役割を誠意をもって行う。

【十分満足できる状況例】
・間違いや失敗をしたときに，きちんと謝ったりやり直したりすることができる。
・学習課題や宿題など，やるべきことを自分ですることができる。
・友達に声をかけたり協力したりしながら，係や当番の仕事をすることができる。
・自分の物の管理，学校の物の片付けや返却がきちんとできる。
・学校やクラスのきまりを守ることができる。
・縦割り班活動や休み時間など，年下の児童に優しく接したり，お世話をしたりすることができる。

- -

5・6年 自分の役割と責任を自覚し，信頼される行動をする。

【十分満足できる状況例】
・人に促されることがなくても，自分の役割を果たすことができる。
・課題や宿題を計画的に進め，期限を守って提出することができる。
・学校やクラスのことを考え話し合ったり，自ら仕事を引き受けて働いたりすることができる。
・公共物を正しく扱い，後で使う人のことを考えて片付けや整頓ができる。
・学校やクラスのきまりを理解して行動したり，友達に働きかけたりすることができる。
・1年生のお世話や縦割り班活動，クラブ活動などで，上級生として責任をもって下級生をリードすることができる。

1・2年 自分で進んで考え，工夫しながら取り組む。

【十分満足できる状況例】
・よい作品をつくろうと工夫したり，よい解決方法を見付けようと考えたりしている。
・ノートをきれいにとろうとする。
・ルールを工夫して楽しく遊ぶことができる。
・自分のアイディアを発表することができる。
・係や当番の仕事をよりよくしようと工夫することができる。

3・4年 自分でよく考え，課題意識をもって工夫し取り組む。

【十分満足できる状況例】
・学習課題に対し，自分なりの方法を考えようとすることができる。
・ノートを分かりやすく工夫してとることができる。
・話合い活動に積極的に参加し，自分のアイディアや効率的な話合いについて発表することができる。
・クラスの生活がよりよくなるように，クラスのルールや係の仕事内容，遊びのルールなどを考えることができる。
・教室の掲示物を工夫したり，室内を整頓したり，みんなが気持ちよく生活できるように努めている。

5・6年 進んで新しい考えや方法を求め，工夫して生活をよりよくしようとする。

【十分満足できる状況例】
・効率的な解決方法や効果的な表現の仕方を目指し，自分から調べたり考えたりしながら取り組むことができる。
・新しい物事に興味をもち，進んで取り組もうとする。
・話合い活動では，自分と友達の意見を整理したり調整したりしながら，よりよい結論を導こうとすることができる。
・学校生活をよりよくすることを考え，工夫や改善しようとすることができる。
・教科の学習や委員会活動などで，自分の考えを発信したり，効果的なプレゼンテーションをしたりすることができる。

行動の記録▷▷
「思いやり・協力」

1・2年 身近にいる人々に温かい心で接し，親切にし，助け合う。

【十分満足できる状況例】
・友達と一緒に学習したり遊んだりすることができる。
・係の仕事などを，友達と仲よく行うことができる。
・友達の意見を聞くことができる。
・困っている友達がいると，手伝ってあげたり教師に知らせたりすることができる。
・友達とのケンカやトラブルの後，仲直りすることができる。

- -

3・4年 相手の気持ちや立場を理解して思いやり，仲よく助け合う。

【十分満足できる状況例】
・仲間はずれをせず，みんなで活動しようとすることができる。
・一人でいる友達に声をかけることができる。
・友達が自分と違う意見でも，ケンカをせずに話し合うことができる。
・困っている友達がいると，その気持ちを聞いてあげたり，励ましたりすることができる。
・友達の間違いや失敗を，気持ちに寄り添って許してあげることができる。
・校外学習などで，周囲の人に迷惑をかけないように行動しようとすることができる。

- -

5・6年 思いやりと感謝の心をもち，異なる意見や立場を尊重し，力を合わせて集団生活の向上に努める。

【十分満足できる状況例】
・仲間や集団のことを考えて行動することができる。
・自分より年少の子どもや，障害がある人のことを考えて行動することができる。
・友達の気持ちや意見を大切にして，話し合ったり協力したりすることができる。
・困っている友達がいると，その気持ちや立場を考え，励ましたり助けたりすることができる。
・誰にも分け隔てなく，寛容な気持ちで接することができる。
・校外学習などで，高齢者や幼児，体の不自由な人などに配慮して行動することができる。

5章 年度末 行動の記録

48 「生命尊重・自然愛護」

1・2年 生きているものに優しく接し，自然に親しむ。

【十分満足できる状況例】

・観察や飼育を通して，身の回りの虫や植物などにも生命があることを理解することができる。

・身の回りの小動物や植物などの成長や変化に関心をもち，優しい気持ちで接することができる。

・自分や友達の身体や気持ちが大切であることに気付き，行動することができる。

・公園など自然の中で過ごすことの気持ちよさを感じ，小動物や植物に自分から関わっていくことができる。

- -

3・4年 自他の生命を大切にし，生命や自然のすばらしさに感動する。

【十分満足できる状況例】

・観察や飼育を通して，動植物の生命の大切さに気付くことができる。

・校外学習などを通して，身の回りの自然や環境の変化に気付き，どうすれば自然や生き物を大切にできるかを考えて関わる。

・自分たちの生命がかけがえのないものであることに気付き，大切にしようと生活することができる。

・校外学習などで，身の回りの自然環境を大切に保とう，ごみの処理などに気を付けることができる。

・校外学習で出合う小動物や植物に優しく接したり，学級で飼っている生き物や学級園の植物を大切に育てたりすることができる。

- -

5・6年 自他の生命を大切にし，自然を愛護する。

【十分満足できる状況例】

・家族や自分の命がかけがえのないものであることを理解し，大切にしようとする。

・身の回りの人や動植物の生命の大切さに気付き，接することができる。

・省エネルギーやごみ削減の必要性を知り，自分にできることに取り組もうとする。

・日本や世界の環境問題に関心をもつことができる。

49

「勤労・奉仕」

1・2年 手伝いや仕事を進んで行う。

【十分満足できる状況例】
・学習用具や遊びの道具などを進んで片付けることができる。
・教室内の整理やごみ拾いなど，自分の仕事でなくても進んで取り組むことができる。
・係や当番の仕事に忘れないで取り組むことができる。
・グループ活動などで，進んで働くことができる。
・教師の手伝いなどを進んで引き受けることができる。
・自分が働くことが周りの人に役立ったり，喜んでもらえたりすることを，うれしく感じて取り組むことができる。

- -

3・4年 働くことの大切さを知り，進んで働くようにする。

【十分満足できる状況例】
・自分の仕事でなくても，進んで引き受けようとすることができる。
・係や当番の仕事の意味を理解し，働くことができる。
・責任をもって仕事をすることに，満足感を感じることができる。
・学校やクラスのために，自分でできることがないかを考えることができる。
・自分たちの生活が身の回りで働く人たちに支えられていることに気付き，感謝の気持ちをもつことができる。

- -

5・6年 働くことの意義を理解し，人や社会の役に立つことを考え，進んで仕事や奉仕活動をする。

【十分満足できる状況例】
・委員会の仕事にやりがいを感じ，積極的に取り組むことができる。
・係や当番，委員会などの意味や責任をもって働くことの大切さを理解し，進んで取り組むことができる。
・ボランティアの大切さを理解し，高齢者や障害がある人との交流，地域清掃活動などに進んで取り組むことができる。
・自分たちの生活が，社会で働く人々に支えられていることを理解し，感謝の気持ちをもつことができる。

50 行動の記録▷▷
「公正・公平」

1・2年 自分の好き嫌いや利害にとらわれないで行動する。

【十分満足できる状況例】
・自分と異なる友達の意見でも，よいと思えば取り入れようとする。
・自分の好き嫌いにこだわらず，仲間はずれをせずに友達と仲よくする。
・遊びやスポーツで，勝つためにずるいことをしない。
・友達とトラブルが起きたときに，自分の好き嫌いにとらわれず，正しい解決をしようとする。
・友達から強く言われても，正しいと思う考えを言うことができる。

3・4年 相手の立場に立って公正・公平に行動する。

【十分満足できる状況例】
・話合い活動では，自分の好き嫌いにこだわらず，みんなのためになる意見を取り入れようとする。
・友達によって態度を変えずに行動している。
・友達とトラブルが起きたときに，自分の利害にとらわれず，正しい解決をしようとする。
・自分が失敗したときに，自分の行動を振り返ることができる。
・友達の考えや誘いに流されず，正しい行動をしようとしている。

5・6年 だれに対しても差別をすることや偏見をもつことなく，正義を大切にし，公正・公平に行動する。

【十分満足できる状況例】
・話合い活動では，自分の主張にこだわらず，相手の主張をよく聞き，よりよい解決へ向けて話合いに参加することができる。
・誰にでも同じように親切にしたり，関わったりすることができる。
・友達とトラブルが起きたとき，自分の利害にとらわれず，解決へ向けて正しい判断で行動しようとすることができる。
・自分が失敗したときは反省し，よりよい行動をしようとする。
・人の意見や周囲の状況に流されず，正しく考え行動している。

51 「公共心・公徳心」

1・2年 約束やきまりを守って生活し，みんなが使うものを大切にする。

【十分満足できる状況例】
・教室や校舎内できまりを守って，静かに行動している。
・校外学習時に電車や公園などで，周りの人に迷惑がかからないように行動している。
・遠足や校外学習で，施設を大切に扱ったり，ごみを出さないように気を付けたりしている。
・学校の物やクラスの物を大切に使っている。
・遊びのきまりを守り，遊び道具を大切に使い後片付けをしている。

3・4年 約束や社会のきまりを守って公徳を大切にし，人に迷惑をかけないように心掛け，のびのびと生活する。

【十分満足できる状況例】
・学校やクラスのきまりを理解し，ほかの友達に迷惑をかけず行動している。
・校外学習などで，交通機関や道路歩行の仕方に注意し，行動している。
・公共施設の使い方を理解し，きまりを守って周りの人に迷惑をかけず利用している。
・後で使う人のことを考え，学校内の施設や物を大切に扱ったり整頓したりしている。
・校外学習で訪れた施設や公園などで，ごみを出さないことや清潔に保つことに気を付けて行動している。

5・6年 規則を尊重し，公徳を大切にするとともに，我が国や郷土の伝統と文化を大切にし，学校や人々の役に立つことを進んで行う。

【十分満足できる状況例】
・学校のきまりの意味を理解し，進んで守り生活している。
・社会のきまりや公共施設のきまりを理解し，進んで守り生活している。
・学校や地域社会でみんなが気持ちよく過ごせるように，整理整頓や清潔に気を付けたり，周囲の人に気を配ったりして行動している。
・自分の町や日本の文化・歴史に関心をもち，大切にしようとしている。
・自分の生活する学校や町がよりよくなるように，きれいに保つことを気を付けたり，高齢者や障害がある人，下級生などに優しく接したりしている。

52 記入のポイント①
欄の考え方

何を書くか

「総合所見及び指導上参考となる諸事項」は「児童の成長の状況を総合的にとらえる」と規定されている。そこで，次の①〜⑤の事項などを記載する。

① 各教科や外国語活動，総合的な学習の時間の学習に関する所見

② 特別活動に関する事実及び所見

③ 行動に関する所見

④ 児童の特徴・特技，学校内外におけるボランティア活動など社会奉仕体験活動，表彰を受けた行為や活動，学力について標準化された検査の結果等指導上参考となる諸事項

⑤ 児童の成長の状況にかかわる総合的な所見

なお，「障害のある児童や日本語の習得に困難のある児童のうち，通級による指導を受けている児童については，通級による指導を受けた学校名，通級による指導の授業時数，指導期間，指導の内容や結果等を端的に記入する。通級による指導の対象となっていない児童で，教育上特別な支援を必要とする場合については，必要に応じ，効果があったと考えられる指導方法や配慮事項を端的に記入する」とあるが，「個別の指導計画を作成している場合において当該指導計画に上記にかかわる記載がなされている場合には，その写しを指導要録の様式に添付する」ことで記入に替えることもできる（『通知』より引用）。

どのように書くか

児童の状態や成長の様子を表す顕著な事項を取り上げて，事実や証拠に基づいて記載する。日々の指導の中で繰り返し伝えた（フィードバックした）ことの中に児童の状況を顕著に捉えたものがあれば，それを記すこともできる。

今回の改訂では，教師の勤務実態を踏まえ，指導要録の作成に係る負担を軽減することが意識されている（表1）。

 記入のポイント

「総合所見及び指導上参考となる諸事項」の参考様式

総合所見及び指導上参考となる諸事項			
第1学年		第4学年	
第2学年		第5学年	
第3学年		第6学年	

「総合所見及び指導上参考となる諸事項」を効率的に書くには（表1）

どのような書き方が推奨されているか　※『通知』より抜粋

・要点を箇条書きとする　　・記載事項を必要最小限にとどめる

・記述の簡素化を図る　　・箇条書き等により端的に記述する

・精選して記述する　　・端的に記入する

どのようなことに注意すべきか

・児童の成長の状況を総合的に捉えられるように書く

・評価活動そのものを簡素化するものではない　※二宮（2019）p.127

・指導要録の「指導の資料」（指導機能）と「外部への証明の原簿」（証明機能）

　を損なわないようにする　※石田（2019）の示唆より

出典：
二宮衆一　2019　「総合所見及び指導上参考となる諸事項」を生かした「個人内評価」の共有を　石井英真・
　西岡加名恵・田中耕治（編著）　小学校・新指導要録改訂のポイント　日本標準
石田恒好　2019　巻頭言／新しい指導要録を見て　指導と評価　2019年5月号　（一社）日本図書文化
　協会

53 記入のポイント② 各所見の内容

各教科や外国語活動，総合的な学習の時間の学習に関する所見

　この所見は，学習成果の詳細な分析ではなく，指導に重要と思われる児童の特徴的な事柄を書くことが望ましい。感性や思いやりなど観点別学習状況の評価や評定に示しきれない事項については，個人内評価を主としてこの欄に記入する。下記の事項について書くことが考えられる。

① 学習全体として見られる個々人の特徴。横断的比較による個人内評価事項

② 年度初めから年度末にかけて学習面での進歩の状況。縦断的比較による個人内評価事項

③ 学習に影響を及ぼす健康状況や学校教育法施行規則に従い，児童の履修困難な教科について，特別な処遇をとった場合，その状況に関すること

④ その他，特に指導が必要である場合には，その事実に関すること

特別活動に関する事実及び所見

　この所見は，学級活動，児童会活動，クラブ活動，学校行事で担当した役割（係名や委員会名），それらの活動状況などを書くことが望ましい。さらに，リーダーシップや活動への意欲など特別活動全体を通して見られたよさや可能性，進歩や努力の跡が見られた姿，指導が必要とされる状況などについて記入する。

行動に関する所見

　この所見は，行動の記録の個々の項目について分析的に記述するのではなく，行動にかかわる全般の状況を捉えた上で，特徴を書くことが望ましい。記載する内容としては，下記の事項について書くことが考えられる。

① 全体的に捉えた児童の特徴に関すること（全人的な個性）

② 個人として比較的優れている点や長所など。横断的な個人内評価事項

③ 年度初めと年度末とを比較し，行動の状況の進歩が著しい場合，その状況に関すること。縦断的な個人内評価事項

④　指導上特に留意する必要があると認められる児童の健康状況，その他，特に指導が必要である場合には，その事実に関すること

児童の特徴・特技，学校内外におけるボランティア活動など社会奉仕体験活動，表彰を受けた行為や活動，学力について標準化された検査の結果等指導上参考となる諸事項

この所見は，下記の事項について書くことが一般的である。

①　児童の特徴・特技に関すること

②　学校内外におけるボランティア活動など社会奉仕体験活動，表彰を受けた行為や活動に関すること

③　学力について標準化された検査の結果等指導上参考となる諸事項

以下①〜③について補足する。①としては児童の特徴や特技，趣味，読書傾向などのうち，長所を把握する上で重要なものを書く。②としては家庭や社会における奉仕体験活動等の善行，学校内外における表彰を受けた行為や活動，課外における活動のうち児童の長所と判断されるものなどを書く。③については次節で説明する。

児童の成長の状況にかかわる総合的な所見

この所見は，児童の成長の過程が分かるように書くことが望ましい。そこで，前の学年からの変化や，当該学年の初めからの変化など，時間軸を視野に入れた事実や解釈を記入する。

標準化された検査とは

　児童の能力や特徴には外から見ても捉えることが難しい部分がある。そこで，標準化された検査（以下，標準検査）を利用して，児童理解や学習指導に役立てたい。標準検査を実施した場合，その記録は「総合所見及び指導上参考となる諸事項」の欄に記載する。

　標準検査（standardized test）とは，信頼性と妥当性が確認されている検査の総称である。検査の制作過程において多量のデータを基にした検証が繰り返されており，結果は客観性の高い資料として扱われる。

　学校で実施される標準検査には，学力検査，知能検査，適性検査，性格検査など様々な種類があり，よりよい指導を実現するために，目的に応じて使い分けられている（右図参照）。児童の多面的な理解を目指して，複数の検査を組み合わせて実施する（テストバッテリーという）ことも実施されている。

結果の記入について

　妥当性，信頼性の高い標準検査を実施した場合，指導要録に「検査した時期」「検査の名称」「検査の結果」を記入するとよい。検査の結果については，偏差値やパーセンタイル順位を書くことが基本となる。ただし，数値的な情報よりも，その後の指導に生かすことができる情報を具体的に書くのがよいこともある。検査の種類や児童の実態に応じて必要な情報を取捨選択するとよい。

　標準検査の結果を，教科や総合的な学習，特別活動，行動についての所見と関連付けて記入することも考えられる。

　標準検査の中でも，個別式認知能力検査のように，実施，採点，解釈に専門的知識と技術を必要とするものは，専門家による実施が望ましい。その上で，これらの検査結果を指導要録に記入するかどうかは，個々のケースに応じて判断すべきである。記入することが「よさや個性を捉え指導に生かす」ことにつながるかどうかが検討のポイントになるだろう。

標準化された検査にはどんなものがあるの？

◆標準学力検査◆

検査名	適用範囲	監修・編著者名	発行所名
教研式標準学力検査 NRT（集団基準準拠検査）	小1～小6	辰野千壽・石田恒好・服部環・ 筑波大学附属小学校各教科官	図書文化社
教研式 標準学力検査 CRT（目標基準準拠検査）	小1～小6	北尾倫彦・筑波大学附属小学校 各教科官	図書文化社
教研式 読書力診断検査 Reading-Test	小1・2年 小3・4年 小5・6年	福沢周亮・平山祐一郎	図書文化社
TK式 観点別標準学力検査 DRT	小1～小6	田中教育研究所	田研出版

◆知能検査◆

検査名	適用範囲	監修・編著者名	発行所名
教研式 新学年別知能検査サポート	小1～小6	岡本奎六・渋谷憲一 石田恒好・坂野雄二	図書文化社
教研式認知能力検査 NINO	小2～小6	石田恒好・櫻井茂男・服部環・ 平山祐一郎	図書文化社
TK式 学年別診断的知能検査 パワフル	小1～小6	田中敏隆	田研出版

◆行動・性格・適性検査ほか◆

検査名	適用範囲	監修・編著者名	発行所名
Q-U たのしい学校生活を送るためのアンケート	小1～小3 小4～小6	田上不二夫・河村茂雄	図書文化社
教研式 AAI 学習適応性検査	小1～小3 小4～小6	辰野千壽	図書文化社
教研式 M-G 本明・ギルフォード性格検査	小4～小6	本明寛・久米稔・ 織田正美	図書文化社
教研式道徳性アセスメント HUMAN	小1・2 小3・4 小5・6	押谷由夫	図書文化社
TK式 診断的新親子関係検査	親・小1～小6 子・小3～小6	品川不二郎・品川孝子・河井芳 文・森上史朗	田研出版
TK式 長所発見検査	小5～小6	田中教育研究所	田研出版
HEART 道徳性診断	小1・2 小3・4 小5・6	古畑和孝ほか	東京心理
STEP 児童理解の総合調査	小4～小6	黄楊荒雄ほか	大阪心理出版

◆個別検査◆

検査名	適用範囲	監修・編著者名	発行所名
日本版 KABC-Ⅱ 個別式心理教育アセスメントバッテリー	2歳6か月～ 18歳11か月	日本版 KABC-Ⅱ制作委員会 藤田和弘・石隈利紀・ 青山眞二・服部環・ 熊谷恵子・小野純平	丸善出版
田中ビネー知能検査Ⅴ	2歳～成人	田中教育研究所	田研出版
WISC-Ⅳ 児童向けウェクスラー知能検査	5歳0か月～ 16歳11か月	日本版 WISC-Ⅳ刊行委員 上野一彦・藤田和弘・ 前川久男・石隈利紀・ 大六一志・松田修	日本文化科学社

55 各教科や外国語活動, 総合的な学習の時間の学習に関する所見

用語例 個人としての特徴に関すること

【観点との関連】
・各教科とも，基礎的な知識及び技能がよく定着している。
・課題解決に必要な思考力，判断力，表現力等が徐々に身に付いた。
・思考力・判断力に優れ主体的に学習に取り組むことができる。
・自ら課題を立て，主体的に取り組むとともに，積極的に学習を生活に生かそうとする。 学びに向かう力がよく育っている。
・学んだことを人に分かりやすく伝える表現力に優れている。

- -

【優れている点】
・計算力に優れ，繰り下がりのある引き算も速く正確にできる。
・本が好きで，語彙がたいへん豊富である。
・優れた観察力で植物や昆虫を丁寧に写生し，気付きをメモした。
・主人公の心情を読み取り，表現力豊かに音読できる。
・マット運動で特に回転系の技に優れ，友達へ適切に助言した。
・意図に応じて構成を工夫し，豊かな表現で文章を書くことができる。

用語例 日常の学習状況に関すること

【学習に対する努力】
・九九の練習にねばり強く取り組み，繰り返し唱えて習得した。
・夏休みにはアサガオの観察日記を毎日続けた。
・諦めずに苦手な鉄棒への挑戦を続け，できる技を増やしている。
・指遣いに苦心しつつリコーダー練習に熱心に取り組み，美しい音色で吹けるようになった。
・第5学年中に第6学年までの漢字を全部書けるようになりたいというめあてをもち，毎日コツコツ練習を重ねている。
・走り高跳びでは，ICTを活用してフォームを一回一回確認し，細かく修正しながら，目標記録に向けてひたむきに練習した。

【学習意欲】
・漢字の習得に意欲的である。新出漢字に出合うと，自ら成り立ちや使い方などを調べ，漢字ノートにまとめていた。
・読み聞かせした本に関心を寄せ，自ら同じ作者の作品を探し，読んでいる。
・知的好奇心が旺盛で何事にも「どうしてだろう」と疑問をもち，主体的に探究している。
・オリジナル楽器を作り，音色を生かした演奏を工夫した。
・算数で解答だけにこだわらず，解答を導き出した後も常に多様な解決方法を探している。
・歴史に深く興味をもち，人物を中心に図書やインターネットを活用して調べ，自主学習ノートにコツコツ記録している。

【学習態度】
・話している人の方を向き，集中して話を聞く態度が身に付いた。
・毎時間，休み時間のうちに学習に必要なものをきちんと準備してから，授業に臨んでいる。
・一つ一つの学習活動にけじめが付けられるようになり，休み時間との切り換えができている。
・班での話合いでは，自分の考えを主張するばかりではなく，友達と意見をすり合わせることができるようになってきた。
・与えられた問題に取り組むだけでなく，自ら課題を設定し，学習計画を立てて追究しようとする態度が育っている。
・互いの意見を交換するだけでなく，思考を深めるために対話するという態度が身に付いてきた。

【能力に関するもの】
・理解力に優れ，繰り上がりや繰り下がりのある加減計算の仕組みがすぐに分かり，説明することができた。
・豊かな表現力を発揮し，情感を込めて音読したり歌ったりした。
・持久力があり，一定の速さで長く走ることができるため，マラソン大会では生き生きと活躍した。
・既習事項をヒントに，試行錯誤しながら課題解決していくことを通して，思考力が確実に育っている。
・先を見通して計画したり準備したりすることができるようになり，学びに向かう力がいよいよ増している。
・運動が得意で，特に跳び箱では力強い跳躍がみんなの手本となった。

【国語】

・書き順を意識し，字形を整えて漢字が書けるようになった。

・物語が好きで，登場人物の気持ちを感じたり想像したりしながら，楽しく読書している。

・言葉遊びを楽しみながら，日本の言語文化に親しんだり理解したりしている。

・行事の後には思い出を短冊に書き出し，その時の思いが読み手に伝わるよう構成を工夫して，作文を書くことができた。

・スピーチすることに慣れ，原稿やメモに頼らずに，自分の考えや思いを分かりやすくまとめて話せるようになってきた。

・進んで多様なジャンルの本を読むことに挑戦している。

【社会】

・商店街探検では，インタビューや対話を通して大勢の人を集めるために店が協力して様々な工夫をしていることに気付いた。

・地域の発展に尽力した先人の働きを，自分の生活と関連付けて考え，理解している。

・工場見学で持続可能な社会実現のための企業の取組に気付き，自分の生活に結び付けて，環境保全への考えを深めた。

・日本の歴史の学習を通して固有の文化や伝統を知り，尊重しようとする意識が育つとともに，世界の人々と協働して平和な社会を実現するための課題についても考えを深めている。

・身近な問題として台風や大雨などの自然災害に関心をもち，国土の自然条件や地球規模の環境問題と関連させながら考えを深めた。

・水道局の見学では，人々の健康な生活を支えるため，安全な水を安定的に供給する様々な工夫があることを知ることができた。

【算数】

・カードで繰り返し練習し，1位数の加減計算を習得した。

・箱の面の形を紙に写し取って展開図を作ることにより，立体図形の仕組みが分かり，自分で箱を組み立てることができた。

・乗算の筆算の仕組みを理解し，計算が正確になった。

・棒グラフと折れ線グラフの読み取り方が分かり，どちらで表すことが適切か，目的に応じて使い分けられるようになった。

・ともなって変わる二つの量の変化を，数直線を用いて整理できるようになり，割合の問題を解く自信を付けた。

・定規と分度器，コンパスを用いて，条件通りの多角形を正確に作図することができた。

112

【理科】

・自分で決めた木を1年間通して観察し，枝や葉，花や実の季節による変化をスケッチと共に丁寧に記録した。
・水に食塩を溶かすと溶かした食塩の分だけ重くなることに驚き，家庭でも砂糖で実験して同じ結果を確かめ理解を深めた。
・てこの働きが分かり，仕組みを利用した装置が身の回りに多くあることに気付いて，生活に役立っていることを実感した。
・解剖顕微鏡を適切に用いてメダカの成長を詳しく観察した。
・月と太陽の観察を通して，月の輝いている側に太陽があることや，月の形や見え方は太陽と月の位置関係によって変わることを理解した。
・人の体を動かすことができるのは骨と筋肉の働きによるものだと分かり，模型を使って明解に説明することができた。

【生活】

・オタマジャクシの成長過程に興味をもって毎日校庭の池を観察し，少しの変化も見逃さずみんなに知らせていた。
・昔遊びを通して地域の高齢者と親しくなり，学習発表会での自分たちの活躍を見せたいと，心を込めて招待状を作成した。
・秋には，地域の公園で集めた木の実や自分で育てたアサガオのつるを使い，冬に備えて室内を飾るリースを作って，季節による自然や暮らしの変化を楽しんだ。
・自分の名前の由来を調べることを通して，自分の成長を支え，喜んでくれている家族への感謝の思いを強くした。

【音楽】

・歌うことが大好きで，音楽集会の合唱発表では，ソロのパートをのびやかな声で堂々と歌った。
・リズム打ちが得意で，合奏では進んでタンバリンやカスタネットを担当し，表情豊かに元気よく演奏した。
・リコーダーの演奏では，タンギングや音の強弱を巧みに操ることができるようになり，みんなの手本になった。
・合奏では大太鼓を担当し，曲のテンポを崩さないよう，指揮者をよく見て的確にリズムを刻んだ。
・歌詞の意味を理解し，聞き手に作詞者の想いが伝わるように，声の大きさや出し方を工夫して歌った。
・コンピュータソフトを用い，グループで作った主旋律を様々な楽器の演奏でアレンジして，一つの曲として作り上げた。

【図画工作】
・感触を楽しみながら粘土をこね，頭の中でイメージしたものを巧みに形にして，友達に紹介していた。
・実物の色を表現しようと絵の具を何色も用い，塗り重ねて，サツマイモを大きく描いた。収穫の喜びが伝わる絵になった。
・木片と釘でオブジェを作った。金槌の扱いのコツをつかみ，どの方向から見てもバランスのよい形を工夫し，組み立てた。
・作品展では，上級生の作品の工夫に感心し，自分もやってみたいと制作意欲を高めていた。
・仕上がりを想像しながら板を彫って版を作り，色を乗せては刷ることを繰り返して，色鮮やかな版画を完成させた。
・浮世絵の鑑賞で，世界で評価されている理由を，「構図と色の対比のすばらしさにあるのではないか」と自分なりに分析した。

【家庭】
・夏休みには，1日の献立を作って3食調理し，レポートにまとめた。学習を実生活に生かそうとする態度が育っている。
・快適な住まいについて，日本古来の家屋を調べることを通して考察し，現代にも生かせる方法を提案として発表できた。
・調理実習では，野菜の切り方について，「なぜその切り方で切るとよいのか」を理解し取り組むことができた。
・布のナップザック作りでは手順を一つ一つ確認しながらミシンを適切に使用し，作品を仕上げることができた。

【体育】
・運動遊びを通して様々な体の動かし方を体験したことで運動の楽しさを知り，様々なスポーツへ挑戦する意欲が高まった。
・ボール遊びを通じチームワークの大切さに気付き，友達の技も高めようと練習に誘ったり助言したりするようになった。
・マット運動で技をさらに磨くため，友達と自分の試技画像を比べながらよく観察して，ポイントをつかむことができた。
・優れた分析力がある。どのボールゲーム運動でも，チームの課題を的確につかみ，克服するために練習を工夫できた。
・走り高跳びでは，「抜き足を素早く体に引き付ける」と自分なりのめあてをもって練習し，記録を伸ばすことができた。
・バスケットボールでリーダー性を発揮し，作戦を工夫したり仲間を励ましたりすることで，積極的にチームを盛り立てた。

【外国語科】
・初対面のALTへ既習の表現を用い積極的に自己紹介できた。
・音声で慣れ親しんだ簡単な英文や英単語が読めるようになり，書くことにも挑戦する
　など，英語の習得に意欲的である。
・インタビューでは，既習の英単語や表現を組み合わせて積極的に話しかけ，相手の
　考えを聞き出していた。

【外国語活動】
・英語のチャンツや歌が好きで，リズムに乗って身振り手振りを交えながら唱えたり歌っ
　たりし英語の音声に親しんでいる。
・英語でのゲームやアクティビティを通して，外国の文化への関心を高め，それを尊重
　しようとする態度が育っている。
・3〜4文程度の英文を使ったスピーチでは，聞き手に伝わりやすいよう，ジェスチャー
　をつけ，表情豊かに発表することができた。

【総合的な学習の時間】
・地域の祭りの起源を調べ，守り継ぐ人々の苦労や願いを知ったことで地域の一員とし
　てできることへの考えを深めた。
・図書やインターネットだけでなく，アンケートやインタビューなどの手段も用い，目的
　に応じた方法で情報収集ができるようになった。
・自ら課題を立て，それを解決するために，見通しをもって学習計画や追究方法を考
　えることができるようになった。
・プレゼンテーションソフトを用い，画像や図表を取り入れて，学習したことを分かりや
　すくまとめ，発表することができた。

用語例 　体力の状況及び学習に影響を及ぼす健康状況に関すること

・小児生活習慣病予防健診の結果から，身体を積極的に動かすよう，医師の指導を受
　けている。外遊びを励行している。
・左半身に麻痺があり，生活には介助者が必要である。
・喘息の薬を常用しており，年度初めや宿泊行事に際しては，配慮が必要なことについ
　て保護者と綿密に打ち合わせた。
・食物アレルギーがあり，生活管理指導表が提出されている。配慮事項について，全
　校で共通理解する必要がある。
・左耳の聴力が弱い。座席や声かけに配慮が必要である。
・紫外線に過敏で，1年を通して極力肌を露出しない服装をしている。特に屋外体育や
　プールでは，ラッシュガードを着用している。

用語例 履修困難な教科について特別の処置をとった場合

- 左半身に麻痺。ノートをとることが困難なので，ICT機器の活用などで補った。相談の上，体育は可能な範囲で参加させた。
- 生活管理指導表の提出あり。心臓疾患のため持久走参加不可。
- 卵のアレルギーがある。僅かな接触で蕁麻疹が出ることがあるため，家庭科の調理実習で生卵に触れないよう，配慮した。
- 脳梗塞病後のため長時間の集中は困難。授業には保護者が付き添い，適宜別室で休息させていた。当面体育には参加しない。
- 原発事故による放射能汚染を心配する保護者の意向で，長時間の屋外活動(体育や遠足，生活科の町探検など)に不参加だった。
- 自閉症スペクトラムの診断を受け，通級による指導を週2時間受けている。その間の教科学習は，保護者と連携して補習している。

用語例 指導が必要な事項

- 第3学年時にアメリカ現地校から編入。日本語の語彙や漢字の習得が未熟なため，低学年向けの絵本や漢字ドリルで補習を行った。
- かけ算九九を習得できていない。引き続き個別指導が必要。
- 水泳では，息継ぎのコツがつかめていないため，25mを泳ぎ切ることができない。個別練習で克服させたい。
- 手指の巧緻性に難があり，コンパスをうまく使えず，困っていた。通級による指導の担当教員と相談し，困難を軽減する教具を紹介してもらった。
- 事故で半年入院していたため，リコーダーの指づかいは未習得。次年度の音楽発表会に向け，個別指導で早めに習得させたい。
- 玉結びが習得できていない。引き続き指導が必要である。

56 特別活動に関する事実及び所見

用語例 学級活動 (1)学級や学校における生活づくりへの参画

【学級や学校における生活上の諸問題の解決】
・学級会では，学級の課題を解決するため，いつも積極的に建設的な意見を述べた。
・授業中，活動のけじめが付かない友達がいると，肩にそっと触れ優しく次の活動を促していた。
・自ら学級のあいさつリーダーになり，毎日教室の入り口で朝のあいさつを続けた。全体のあいさつが明るくなった。
・廊下歩行を改善するため，廊下の右側左側を分ける目安に折り鶴を並べることを提案し，安全な歩行を呼びかけた。

【学級内の組織づくりや役割の自覚】
・日直になると大いに張り切り，大きな声であいさつしたり，朝や帰りの会をてきぱきと進行したりしていた。
・班の清掃リーダーとして，公平に清掃場所や仕事を分担し，時間内に隅々まできれいにできるように工夫していた。
・新聞係を作り，係長になった。各記事の担当を明確にして進行を把握し，目標どおり，2週に1度滞りなく発行できた。

【学校における多様な集団の生活の向上】
・清掃の時間には，自分の仕事を終えた後もまだ途中の仕事を見付けると進んで手伝うため，学級によい影響を与えた。
・学級がより仲よくなれるよう「仲よし遊び係」を作り，週1回の学級遊びの内容を様々に工夫して，みんなに喜ばれた。
・学校で一番あいさつのよい学級にしようと呼びかけ，そのための計画を立てて率先してあいさつ運動に取り組んだ。
・新聞係となり，係活動を活性化させようと，各係に取材して活動の様子を写真入りの記事にまとめて紹介した。
・学級代表委員として，学校をよりよくするための工夫について学級の意見をよくまとめ，代表委員会で積極的に発言した。
・1年生のお世話当番では，1年生に朝の準備をすばやく行わせるため，ゲームや紙芝居を準備するなどの工夫をした。

用語例 学級活動（2）日常の生活や学習への適応と自己の成長及び健康安全

【基本的な生活習慣の形成】

・あいさつの習慣が身に付いており，登下校時などに先生や友達に気持ちのよいあいさつができる。

・身の回りがいつも整頓され，学習用具の準備もよくできる。

・休み時間と授業時間のけじめをしっかり付けるなど，時間を守って行動する習慣がよく身に付いている。

・学校のきまりの意味を理解し，落ち着いて生活している。

・礼儀正しい態度が下級生の手本になっている。

・時と場合に応じて，節度をもって行動を節制している。

【よりよい人間関係の形成】

・誰に対しても分け隔てのない態度で接するので，みんなから信頼され，友達の輪を広げている。

・上級生へは敬意をもち，下級生には優しく親切に接する。縦割り活動では学年を問わず親しみをもたれている。

・地域の清掃や祭りなどでは，物おじせず積極的に地域の大人や他校の児童生徒と交流し，人間関係を広げている。

・男女問わず仲よくでき，協力して係や委員会の活動に取り組んだ。

・特定の友達以外とあまり話さない面があったが，第6学年として様々な場面で経験を積み，多くの人と交流し克服しつつある。

・大人にはよく話しかけ人懐こい面があるが，児童同士の付き合いに消極的であった。学級遊びなどを通し交流を促した。

【心身ともに健康で安全な生活態度の形成】

・「早寝早起き朝ごはん」の習慣が身に付いており，いつも元気溌剌として活動的である。

・交通ルールをよく理解し，しっかり守って登下校している。

・セーフティ教室では，不審者対応のロールプレイを通して，自分の身は自分で守ろうという意識を高めた。

・外遊びや運動好きで，寒い日も外で元気に体を動かしている。

・好き嫌いせずよく食べる。手洗いうがいの習慣も身に付いており，体が丈夫で体調不良による欠席はなかった。

・情報モラル教育での学びを真剣に受け止め，SNSの危険性を家族と話し合った。利用のルールを決め，守ろうとしている。

【食育の観点を踏まえた学校給食と望ましい食習慣の形成】

・寝坊して朝食をとらずに登校することが度々あった。朝食の重要性を理解させ，家庭
　の協力を得て改善に取り組んでいる。
・偏食が激しい。食わず嫌いな面もあるので，家庭と連絡を取り合いながら，無理せ
　ず食べられる食材を増やしているところである。
・家庭科で栄養をバランスよくとることの大切さを学び，偏食やスナック菓子の間食が
　多い自分の食生活を反省していた。
・食事のマナーがよく身に付き，給食では楽しく会話しながらも時間内にきちんと食べ
　終え，食器の片付けまで丁寧にできた。

用語例 学級活動（3）一人一人のキャリア形成と自己実現

【現在や将来に希望や目標をもって生きる意欲や態度の形成】

・「早く正確に計算できるようになりたい」と目標をもち，カードやドリルを用いて何度も繰
　り返し練習して力を付けた。
・昆虫好きで，学級園などで捕まえてはスケッチしたり図鑑で調べたりし，オリジナルの
　昆虫図鑑を着々と作成している。
・地域に愛着をもち，祭りにたくさん人を集めるためのアイデアをいくつも考えた。積極
　的に地域へ発信することもできた。
・オリンピック出場を目指し，新体操のクラブに所属して熱心に練習に励んでいる。
・宇宙飛行士になることを目標に，どんな勉強や準備をすればよいのか調べ，できるこ
　とから着実に取り組んでいる。
・コンピュータソフトを用いて作曲する楽しさに目覚め，20曲以上自作した。インターネッ
　ト上での発表を目標に努力を続けている。

【社会参画意識の醸成や働くことの意義の理解】

・クラスで取り組んだことをきっかけにボランティア活動に関心をもち，「社会を明るくす
　る運動」に進んで参加して，駅頭で啓発のための呼びかけを行った。
・通学路のごみ拾いに参加し，ごみの多さに驚くとともに，きれいになった道を見て活動
　の意義を感じ達成感を味わった。
・クラスで太鼓名人にインタビューしたことをきっかけに太鼓を習い始め，地域の盆踊り
　に太鼓の叩き手として参加した。地域の伝統行事に関わることにやりがいを感じ，続
　けていく意欲をもった。
・消防署見学では，消防士の仕事について積極的に質問し，苦労ややりがいを知って，
　人の役に立つ仕事の尊さを感じた。
・クラスで愛情を込めてヘチマを育てた。夏休みは祖父母の家で毎日農作業に取り組ん
　だ。農業の苦労とそれ以上の喜びを味わい，勤労の意義への考えを深めた。

【**主体的な学習態度の形成と学校図書館等の活用**】
・総合的な学習の時間に自ら設定した学習課題を解決しようと積極的に学校図書館を利用し，多様な資料から情報収集した。
・オリンピック・パラリンピックに向け，自分で新聞などから関連した記事を探し，スクラップ帳を作って学級で紹介した。
・成り立ちを知ることが漢字の習得に大切だと，新出漢字は全て漢和辞典で丁寧に調べた。漢字博士と呼ばれ自信を付けた。
・環境問題に関心を寄せ，世界のニュースから関連情報を集め，持続可能な社会創造のため自分ができることを探っている。
・算数の学習では，自作のノートを常に振り返って既習事項を確かめ，それを活用して主体的に課題解決している。

用語例 児童会活動

【代表委員会活動】
・学校生活をよりよいものにしたいと，立候補して学級代表委員になった。活動を通してリーダーシップが育った。
・6年生へ感謝の気持ちが伝わるよう，中心となって送る会を計画し，同学年だけでなく下学年とも協力し会を成功させた。
・1年生を迎える会では，司会進行を担当した。初めての大役に緊張しながらも立派にやり遂げ，自信を付けた。
・代表委員会では，特に，学校の課題を持ち寄り，解決のために話し合う場面で，方策を積極的に提案して議論を活性化させた。
・代表委員会で決定した運動会のスローガンのもと，学級の運動会への意識を高めようと，率先して行動した。

【委員会活動】
・体育委員会では，縄跳び集会の担当となり，跳び方の手本を示すなどして，冬の体力向上を積極的に呼びかけた。
・放送委員として，朝や給食時の放送当番を責任もって行った。聞き手を意識し，明瞭な発音と明るい声でアナウンスできた。
・図書委員として，新しく図書館に入った本をみんなが読みたくなるように，紹介文や絵を工夫して本の帯を作成した。
・環境美化委員になり，多くの紙がリサイクルされず捨てられることに気付くと，リサイクル促進のためポスターを作った。
・給食委員会では，給食調理員へ感謝を示そうと，お礼のメッセージの募集を提案し，多くの賛同を得て実行できた。
・保健委員として，冬の感染症予防のため，ポスターや校内放送，各学級を回るなど，手洗いうがいの励行を呼びかけた。

【児童会集会活動】
・周年記念集会で学校の歴史クイズの担当になり，全学年が楽しめる三択クイズを作った。大好評を得て達成感を味わった。
・1年生を迎える会で「学校の自慢」を紹介することを提案し，紹介の仕方も工夫したため，1年生を喜ばせることができた。
・卒業を祝う会実行委員会で6年間の思い出スライドを作成しBGMとして流すことを提案するなど中心となって活躍した。
・6年生を送る会の会場装飾係となり，6年生への感謝が伝わる掲示物にしようと，心を込めて準備した。

5 章 年度末 総合所見及び指導上参考となる諸事項

【計画，運営に関する活動】

・科学クラブでは書記になり，活動の計画や様子，反省などを丁寧に記録したため，学年末には立派な活動報告書ができた。

・6年生が少ないクラブだったが，リーダーシップを発揮して下級生をよくまとめ，毎回楽しく活動することができた。

・卓球クラブではクラブ長になり，計画的に技を向上できるよう，担当教師とよく相談して練習メニューを組み立てた。

・漫画クラブ長として，一人一人別の活動にしないよう，毎回思案した。目標だった作品集を発行でき，充実感を味わった。

【共通の興味・関心の追求を楽しむ活動】

・囲碁クラブの活動を通じ上級生とも仲よくなり，対戦を重ね切磋琢磨しながら実力を磨いた。

・バスケットボールクラブで下級生にパスやドリブルのコツを教え，試合での失敗も責めず励ましてチーム力を向上させた。

・吹奏楽クラブでは，希望の楽器を担当できるように上級生から楽器の演奏の仕方を謙虚に習い，地道に練習を続けている。

・プラモデル好きの仲間と協力し，教師にねばり強く働きかけて新しくクラブを立ち上げ，クラブ長となり生き生き活動した。

・パソコンクラブでは，同好の仲間と競争を楽しみながら，簡単なゲームのプログラミングに挑戦している。

【成果を発表する活動】

・合唱クラブの練習に毎日欠かさず参加し，メンバーと助言し合って合唱の完成度を高め，地区大会では金賞を受賞した。

・ダンスクラブで知恵を出し合って選曲や振付を行い，練習に励んだ。発表会ではその成果を存分に発揮することができた。

・漫画クラブでは展覧会のポスターを担当し，カラーイラストと漫画原稿を出品した。多くの人に称賛され，自信となった。

・演劇クラブの一員として地区の文化祭に出演した。大きな会場で多くの観客を前に演じ，演劇を志す想いを一層強くした。

・科学クラブの仲間とまとめた実験レポートを小学生科学展に出品した。会場で他校の作品に刺激を受け次の構想を広げた。

【儀式的行事】
・新学期始業式では，学年を代表して今年度の目標を述べた。
・入学式で，新入生へ向け，笑顔で歓迎の言葉を語りかけた。
・修了式で児童代表の言葉を述べた。ユーモアを交え，今年度努力したことと，来年度挑戦したいことを堂々と発表した。
・卒業式では，門出の言葉の合唱伴奏を担当した。曲想を盛り上げる見事な伴奏で合唱を支えた。
・2学期の終業式に児童代表の言葉を述べた。学期中にがんばったことについて，原稿やメモを見ずにはきはきと話した。
・閉校式では，母校への感謝を込め，別れの言葉を呼びかけた。

【文化的行事】
・学芸会では，希望した役に選ばれ，生き生きと力いっぱい演じることができた。
・音楽会では，合唱のソロパートを担当した。大きな声で表情豊かに朗々と歌い，大きな拍手をもらって自信を付けた。
・展覧会には，素材の特徴を生かして作った独創性あふれる立体工作を出品し，来会者の注目を集めていた。
・席書会で冬休みの練習成果を発揮し，勢いのある筆致で堂々と立派な文字を書いた。作品展に出品され，金賞を受賞した。
・学習発表会で，総合的な学習の時間に学んだことを下級生にもよく分かるよう，絵や図を多く使う工夫をして発表した。

【健康安全・体育的行事】
・運動会でリレー選手となり，毎朝練習に熱心に取り組んだ。仲間と協力してパスのタイムを縮め，当日見事1位になった。
・応援団長として，練習から団員をリードして精いっぱい声を出していた。運動会当日も，勝利を目指して最後まで懸命に応援した。
・セーフティ教室で「いかのおすし」の約束を知り代表でロールプレイをしたことで，連れ去りから身を守る意識が育った。
・歯磨き指導では，染め出された磨き残しに驚き，正しい磨き方を身に付けようと，真剣に実習に取り組むことができた。
・起震車体験を通じて机の下に入るときに机の脚を握る理由が実感でき，大地震への備えを真剣に考えるようになった。

【遠足・集団宿泊的行事】

・縦割り遠足を楽しいものにするため，下級生からアンケートをとり，遊びの内容や分担を工夫して，活動計画を立てた。

・遠足に向かう電車では，一般客の迷惑にならないよう，私語の多い友達にそっと注意するなど，公衆マナーがよく身に付いている。

・移動教室のハイキングでは，慣れない山道に遅れがちになる友達を気遣い，ペースを合わせて優しく励ましながら歩いた。

・集団生活では時間を守ることが大切であることを自覚し，移動教室で班長として早め早めに声をかけ，行動を促していた。

・移動教室では，生活係として，宿舎の部屋や寝具の整頓を常に心がけ，みんなが気持ちよい3日間になるように努力した。

・移動教室の一番の思い出にしようと，レクリエーションを工夫し，ゲームや出し物でみんなが楽しんでいる様子に充実感を得ていた。

【勤労生産・奉仕的行事】

・高齢者施設訪問ではどんなことが喜んでもらえるか，高齢者の立場で真剣に考えて準備したため，充実した交流ができた。

・早朝落ち葉掃き活動に積極的に参加した。毎回何袋分も集まる落ち葉に達成感を味わい，次回もがんばりたいと意欲を高めていた。

・清掃ボランティア活動を通して缶やペットボトルの多さに驚き，ポイ捨て禁止ポスターを作成して啓発活動に取り組んだ。

・総合的な学習の時間には，地域の企業と協力し，街の魅力を伝えるお菓子作りのプロデュースに挑戦した。主にラベルデザインを担当した。

・福祉作業所で知的障害者と交流した。コツを教わってクッキーを一緒に作ることを通し，共生社会の意味を深く考えた。

57 行動に関する所見

用語例 全体的な特徴

- 明朗・快活で，いつも遊びの輪の中心になっている。誰からも好かれる温和な性格である。
- 目標を明確にもつことができると，それに向かってひたむきに努力を続ける根気強さがある。
- 思慮深く，何事にも慎重に取り組み，丁寧にやり遂げる。さらにチャレンジ精神を育てようと働きかけを続けてきた。

用語例 個人として優れている点

- 友達が困っていたり悲しんだりしているのに気付くと必ず声をかけ，優しくそばに寄り添った。思いやりにあふれている。
- チャレンジ精神に富み，何事にも前向きに意欲的に取り組む。失敗も多いが，それを糧とする精神力の強さも育ってきた。
- 豊かな発想で生活をよりよいものにしようと様々なアイデアを積極的に提案する。アイディアを実現する実行力を育てたい。

用語例 行動の状況の進歩が著しい場合

- 進級当初は何事にも遠慮がちであったが，係の長を任されると責任もって仕事し，係をまとめた。徐々に自信を付けてきた。
- 思い付きで行動し，失敗することも多かったが，最近は元来の行動力に加え，徐々に慎重さと計画性を身に付けてきた。
- 面倒がらずメモをとる習慣を身に付け，学習用具や提出物を忘れることが減った。自己肯定感が高まり自信を付けている。

用語例 健康状況及び配慮事項

- 吃音があり，言語障害通級指導教室へ週1回通級している。
- 乳糖不耐症のため，給食で牛乳の提供をしていない。毎日家からお茶を持参している。
- オスグッド・シュラッター病の症状緩和のため，運動制限中。体育の時間に配慮が必要である。

【基本的な生活習慣】

- 登下校時や休み時間に教師や友達に自分から笑顔で気持ちのよいあいさつをすることができる。
- 学級ボールなど，みんなで使うものをいつも大事に扱っている。さらに，使った後には，次に使う人が気持ちよく活動できるようにと考えて後片付けまできちんと行うことができている。
- 廊下を走らないように心がけるなど，安全な生活を心がけ，落ち着いて学校生活を過ごせている。
- おしゃべりに夢中になったり手を止めたりすることなく清掃の時間は清掃に集中して取り組み，休み時間に余裕をもたせている。
- 誰に言われなくても来客とすれ違うと会釈するなど，礼儀正しい態度がしっかり身に付いている。
- 通学路を守り，下級生の世話をしながら登校するなど，自分だけでなく下級生の安全にも配慮できる。

【健康・体力の向上】

- 休み時間には，校庭で友達と元気に体を動かして遊んだり，体育の授業で取り組んだ鉄棒や縄跳びを楽しんでいる。
- 早寝早起きの習慣がしっかり身に付いており，毎日夜は9時に就寝し，朝は6時に起きている。
- 休み時間に積極的に外に出て体を動かす習慣があることに加え，週2回の水泳クラブで運動する習慣を身に付け鍛えている。
- 好き嫌いなく食べ，夜更かしもしないので，体が丈夫で欠席することなく元気に登校できている。
- 不安になると欠席しがちだったが，SC全員面談後は心配事をSCに相談できるようになり，出席状況が好転した。
- 昨年度のマラソン週間で，マラソンの楽しさに目覚めた。それ以来，悪天候以外は休み時間や放課後の時間を使って毎日2kmのジョギングを続け，体力向上に励んでいる。

【自主・自律】

- 自習中に教室が騒然としていた際，優しく注意し学習に取り組むなど，周りに流されず，クラスの約束をよく守って生活している。
- 何事も始めたことは途中で投げ出さず，最後までがんばった。
- いつも自分なりのめあてを立てて物事に取り組むので，達成感を得ながら成長している。
- 何事も粘り強く最後までやり通す意志の強さがある。
- 夢を実現させるために必要なことを整理し，優先順位を付けて一つ一つ取り組んでいる。
- 中学進学に向けて，これまでの学びを確かなものにしたいと，第4学年まで遡って自主的に学習へ取り組んだ。
- 道徳科で「ぽんたとかんた」を読み，「いかない」と決めたぽんたとかんたについて話し合い，「みんなとちがっても，自分がよいと思うことをやることが大事」という考えに至っていた。
- 道徳科で人見絹枝の話を読み，目標を達成するための努力と強い意志に，日頃の自分の様子と比べて，大きく心を動かされていた。
- 道徳科の「うれしく思えた日から」の学習で互いのよいところや素敵なところをおまじないの言葉として伝え合う活動をし，自分のよい個性をもっと伸ばしたいという想いを強くもった。

【責任感】

- 日直として，授業開始のあいさつ時には，みんなの準備がきちんと整ったかどうか見定め，大きな声であいさつできた。
- 給食や清掃，日直などの仕事に張り切って取り組み，最後まできちんとやり遂げた。
- 学級遊び係では，意見をまとめて遊びを決めるのに苦労したが，みんなが楽しめるようにと，責任もってがんばった。
- 生き物係として，金魚の水槽の清掃や教室の鉢植えの水やりなどを，誰に促されることなく進んで行っていた。
- 縦割り班長となり，異学年の集団をまとめるのに苦労しながらも1年間責任をもって続け，リーダーの自覚が育った。
- 責任感が強く，何事も引き受けたら最後まできちんとやり遂げるので，みんなからの信頼が厚い。
- 道徳科の「うばわれた自由」の教材文を通し，自由と責任について深く考えた。「自由でありたいと思う。そのために責任を果たしたい」と発言していた。

【創意工夫】

- 給食当番では，配膳しやすいよう，食缶を並べる順番をいつも考え，工夫していた。
- 転校する友達へ「なかよしかるた」を贈ることを思い付き，みんなに協力を呼びかけて作成するなど，工夫して学級生活を豊かにした。
- 係の当番を忘れないよう「仕事リレーたすき」を発案し効果をあげた。アイディアがほかの係にも広がり，自信をもった。
- 清掃用具が雑然としていることに気付き，整頓できるよう収納場所をラベルで示す工夫をして，みんなに感謝された。
- 応援団で伝統的な応援に加えダンスパフォーマンスを取り入れることを提案し，華やかなダンスで運動会を盛り上げた。
- 卒業にあたり，学校職員へ感謝を示そうと，友達とアイディアを出し合い，感謝の一言を添えたしおりを作って配布した。

【思いやり・協力】

- 困っている友達を見ると声をかけ，助けようとしていた。
- 教室清掃では，自分が分担された仕事を済ませると，まだ終わらないところを手伝い，協力して隅々まできれいにした。
- 友達が辛そうにしているとそっとそばに寄り添い励ました。
- 自由なメンバーでグループ活動をするとき，一人になりがちな子に進んで声をかけ，仲間に誘うような優しさがある。
- 仲よしの友達が不登校気味になったことを心配し，登校時にその児童の家に寄って登校を誘った。
- ユニセフの活動を調べたことをきっかけに，世界の困っている子どものために協力したいという強い気持ちをもった。
- 道徳科で「はしの上のおおかみ」で役割演技をすることを通して，おおかみがくまと同じことをするようになったわけを，「親切はしてもされても気持ちがあたたかくなるから」と考えた。
- 道徳科の「ブランコ乗りとピエロ」では，サムを許したピエロについて「勝手な行動は許さない」という意見だったが，「許せる広い心がよい」という友達の言葉を聞き，真剣に考えていた。
- 道徳科で「最後のおくり物」を読んで，相手の立場に立つとはどういうことなのか，深く考えた。「思いやりの心をもって，それをつなげていきたい」という想いを強くした。

【生命尊重・自然愛護】

・ビオトープに産み付けられたカエルの卵の様子を毎日熱心に観察し，オタマジャクシが孵ったときは嬉しそうにみんなに報告していた。

・収穫を楽しみに，熱心に学年園のサツマイモの世話をした。大きく育ったことへ達成感をもち，感謝して食べていた。

・プールでヤゴを採集し，トンボに育てようと家に持ち帰ったが，成功したのは1匹だった。命をはぐくむ難しさを実感していた。

・夏休みの思い出発表会では，キャンプ場で見た星空が，吸い込まれそうになるほど美しかったことを熱く語っていた。

・登山遠足で珍しい植物に興味をもち，特徴を覚えて，自主学習で調べた。山の自然を守りたいという気持ちが芽生えた。

・難病で亡くなった小学生の残した詩を読み，生きることについて改めて考え，誰の命も等しく尊いものだという想いを強くもった。

・道徳科でハムスターの赤ちゃんへ手紙を書き，それを友達と共有する活動を通して，生きていることのすばらしさを実感した。

・道徳科の「その思いを受けついで」で，「命はつながっていく」の意味を話し合った。「海の命」を引き合いに出し，「命はみんなつながっている」という考えは，みんなに共感されていた。

・道徳科で学んだ富士山の自然を守る人々の奮闘から，崇高な自然のすばらしさとその恩恵を長く受け継いでいこうとすることの難しさを知り，「自分に何ができるだろう」と考えていた。

【勤労・奉仕】

・担任や友達の手伝いが好きで，いつも仕事を探しては，自分の仕事でなくとも進んで行った。

・人の役に立ちたいという想いが強く，様々な場面で自然に「手伝おうか？」という言葉が出ていた。

・保健委員として，毎週石鹸の補充を行った。小さな仕事もしなければ困る人がいることが分かり，欠かさず取り組んだ。

・代表委員会で自分たちにできる被災地支援はないか考え，例年のユニセフ募金を今年は被災地に行うことを提案した。

・道徳科の「森のゆうびんやさん」で，雪の日でも手紙を届けたくまさんの気持ちを想像し，みんなのために働くよさを考えた。

・道徳科で玉川兄弟の功績や苦労を知り，人々のために尽くすことの尊さを感じていた。

【公正・公平】

・誰とでも分け隔てなく仲よく遊び，みんなから好かれている。

・仲よしの友達や上級生にも，いけないことはいけないとしっかり注意することができていた。

・ポートボールのチーム作りで，強いメンバーばかり集めようする友達をいさめ，公平なチーム分けを説得していた。

・正義感が強く，誰に対しても公平な態度で接するよう心がけており，みんなに信頼されている。

・日本語が不自由な転入生を笑う友達に，自分が外国で同じからかいを受けたらどんな気持ちになるかと，考えを促した。

・パラリンピアンとの交流で，自分の障害者への無意識の偏見に気付き，多様性を認める社会を実現させたいと考えるようになった。

・道徳科で「ロレンゾの友達」を題材に，友情についてふだんの自分の友達付き合いと比べながら考え，「友達だから厳しいことも言える」と，正しい道へ導ける友情をもちたいと考えた。

【公共心・公徳心】

・1学期は保護者と離れ難く，始業に遅れることもあったが，学校生活に慣れると，時間を守り一人で元気に登校するようになった。

・みんなで使うものを大事にしようという気持ちが育っており，ボールや長縄などを使った後は，きちんと所定の場所へ片付けている。

・みんなで気持ちよく生活するために，学級の約束を進んで守った。その姿がみんなの見本となっている。

・公共交通機関を使うときのマナーが身に付いており，一般客へ迷惑にならないよう，班の友達同士で注意し合っていた。

・授業で調べたことをきっかけに，家族ぐるみで地域の祭りに積極的に関わり，特に伝統のお囃子を大切に継承しようと，日々熱心に練習を続けている。

・地域おこしイベントのごみ問題に着目し，分別回収を呼び掛けるポスターを作って，自ら進んで分別収集に取り組んだ。

・道徳科の「黄色いベンチ」では，みんなで使うものはどのように扱わなければならないか考えた。「学級のボールを外に出しっぱなしにしないで進んで片付けたい」という感想をもった。

・道徳科でふろしきについて学び，その歴史や作られ方，使用方法などを知ることを通して，日本の伝統や文化のよさを改めて感じ，身近なものを見付けて海外にも広めたいと考えた。

58

児童の特徴・特技，学校内外におけるボランティア活動など社会奉仕体験活動，表彰を受けた行為や活動，学力について標準化された検査の結果等指導上参考となる諸事項

用語例 特徴・特技

【特徴】

・大変な読書家で，ジャンルを問わずたくさんの本を読んでいるため，語彙も知識量も驚くほど豊富である。

・第3学年相当まで米国現地校通学。英語が堪能で外国語活動で発音の手本になったり，米国の行事を紹介してくれたりした。

・絶対音感をもち，楽譜なしでも聴いた曲を再現できる。

・書道家の母の影響で幼時から書に親しみ，師範免許取得を目指している。

・何かに集中すると，その他のことへの関心が著しく低くなるので配慮が必要である。

・聴覚に過敏があり通院中。主治医の勧めで授業中イヤーマフを使用することもある。

・体格がよく，年齢相応に見えないことを本人は大変気にしている。クラスメイトにもからかわれがちなので，配慮する必要がある。

・優しく，思いやりがあり，みんなに好かれている。一方で，強引な友達の誘いを断れず，自分の想いを表に出さず付き合うような面も見られ，ストレスで欠席することもあった。自分の意思をはっきり伝えたり，意見を擦り合わせたりできるようになることが課題である。

・理解力・思考力に優れ，どの教科の学習もしっかり身に付いている。特に算数では力を発揮し，多様な方法で問題解決に迫り，友達にも分りやすく説明していた。

・物語の登場人物の心情に深く迫る読み取りができる。音読が上手で，学習発表会では群読劇のソロパートを担当し，主人公の葛藤を見事に表現して会場を感動させた。

・運動能力に優れ，走力は100m14秒台である。本人も自信としており，運動会では大いに活躍した。一方，学習面では地道な努力が苦手で，家庭学習などは疎かにしがちだった。家庭の協力を得て，基礎の力を身に付けさせていく必要がある。

・4月当初は，担任や学級支援員など，大人を独占したいあまり不適切な行動をわざととるようなところが見られたが，徐々に学級の友達と遊べるようになり，問題行動も減っている。できることを増やして自信を付けさせたい。

・自分の想いを友達や先生に伝えることが苦手で，困ったことは保護者を通じて知らされることが多かった。学級での問題は起こったときに解決しようと繰り返し指導し，少しずつ自分から困ったことを言えるようになってきている。

【特技】

・漢字検定準2級。2級合格を目指し，学習に励んでいる。
・体験教室をきっかけにマジックに熱中している。トランプマジックが得意で，腕前は小学生のレベルを超えている。
・日本珠算連盟段位認定試験初段取得。暗算には自信をもっている。
・似顔絵が得意で，地域の文化祭では似顔絵コーナーを担当し，大好評を博した。
・けん玉好きが高じて日本けん玉協会の検定に挑戦，現在3級。
・世界的歌手のものまねが得意。要請を受け度々テレビにも出演している。

【スポーツ関係】

・スイミングクラブでは，選手育成コースで毎日厳しい練習に取り組んでいる。
・フットボールクラブのスクールに通い，腕を磨いている。
・地域の少年野球チームでレギュラーとして活躍している。
・警察の剣道教室では，大人と一緒に練習に励んでおり，礼儀正しい態度を身に付けている。
・保護者が監督を務めるミニバスケットボールチームで中心選手として活躍している。
・フィギュアスケートに熱心に取り組んでおり，競技会(女子シングル ノービスB)へ出場した。

【芸術関係】

・地域のジュニアオーケストラで，チェロを担当している。
・ヒップホップダンスユニットに所属。芸能活動に挑んでいる。
・吹奏楽クラブでは，トランペットを担当している。中学進学後も吹奏楽部で腕を磨きたいという希望をもっている。
・自作のパラパラ漫画をネット上に公開し，評判を呼んでいる。
・東京国際ピアノコンクール小学生部門第2位。ピアニストを目指して熱心に練習している。
・夏休みの体験教室でクレイアニメーションに目覚め，オリジナル作品をコツコツ撮りためている。

用語例 学校内外における奉仕活動，表彰を受けた行為や活動

【学校内外における奉仕活動】
・「社会を明るくする運動」駅頭広報活動に参加した。
・月一回の地域清掃活動に，家族で参加している。
・代表委員として，ユニセフの活動を調べ，全校児童を啓発し，募金活動を率先して行った。
・交通少年団に所属。交通安全運動などに鼓笛隊で参加する。
・環境美化委員として，校庭の芝生の世話をがんばっている。
・「人権の花」を育てることに積極的に取り組んだ。
・保護者と朝の町内清掃に欠かさず参加し，地域に奉仕している。
・週末にきょうだい全員の上履きを洗っている。家庭で分担された自分の仕事として当たり前に行っておりすばらしい。

- -

【表彰を受けた行為や活動】
・第〇回わんぱく相撲〇〇地区大会4年生女子の部 優勝。
・読書感想文コンクールで優秀賞を受賞。受賞作品集に掲載。
・東京国際ピアノコンクール小学生部門 第2位。
・第〇回全国道場少年剣道選手権大会小学生男子個人の部 優勝。
・「はたらく消防写生会」へ学年を代表して出品され入選した。
・プールでおぼれかけていた人を見付け，すぐに監視員に知らせたことで，消防組合から人命救助の功績をたたえる感謝状が贈られた。

用語例 学力について標準化された検査の結果等指導上参考となる諸事項

【学力などに関する標準検査】

・4月18日。教研式標準学力検査NRT，国語SS53，算数SS43。教研式新学年別知能検査サポートSS58。新成就値−10のアンダー・アチーバー。NRTの結果からは算数の基礎学習が必要である。

・2月6日。教研式標準学力検査CRT，得点率国語68％，社会78％，算数68％，理科89％。特に社会と理科の知識・技能が優れている。

・5月25日。教研式認知能力検査NINO，認知能力SS54。数的能力が高い。

・4月15日。教研式学習適応性検査AAI，SS47。「自己効力感」「自己統制」「メタ認知」の力が弱い。

・10月1日。教研式読書力診断検査Reading-Test，読書力偏差値52。読字力と文法力が高い。

【行動などに関する標準検査】

・6月10日。たのしい学校生活を送るためのアンケートQ-U。学級満足度尺度は学級生活満足群。全体的に得点が高く，特に学習意欲が高い。

・4月20日。教研式道徳教育アセスメントBEING。「道徳性を支える3つの力」のうち，「前向きにとらえる力」が伸びている。

・4月25日。教研式道徳性アセスメントHUMAN。今回の結果では，特に視点C（集団や社会との関わり）に優れる。

・5月22日。教研式POEM（児童理解カード）。過剰適応型。自分に無理をして適応しようとしている可能性が高い。

【その他の標準検査】

・8月20，27日。KABC-Ⅱ，認知総合尺度80，継次尺度66，同時尺度79，習得総合尺度93。音だけを手掛かりにして順番に情報を処理することが苦手と推察される。視覚情報を用いた全体を見渡せるような支援が必要である。

59 児童の成長の状況に かかわる総合的な所見

用語例 その他指導上特に必要な事項

【通級指導】

・令和〇年5月より週2時間，通級による指導を受けている。個別指導では，担当教師の指示が理解できるようになり，学習規律を守ることの大切さにも気付いているが，小集団になると，周囲の友達からの刺激を受けて約束が守れなくなりがちであるため，集団適応能力の伸長を図っている。

・今年度も継続して〇〇小学校内の言語障害通級指導教室へ週1回2時間通級した。新しい補聴器に慣れ，発話が増えて，学級の友達とのコミュニケーションに自信を付けてきた。

・〇〇小学校内の言語障害通級指導教室では，週1回2時間，吃音について正しく理解する学習を続けている。同じ障害の児童と交流し，互いの困難さを共有した。自己理解が進んでいる。

- -

【教育上特別な支援を必要とする場合】

・令和〇年〇月の交通事故により，下肢に麻痺が残ったため，車椅子を使用している。今年度は，保護者などの生活介助者が付き添うこともあった。別の階へ移動するときは昇降機を使用。緊急時の避難対応について，年度初めに，本人・保護者・担任・養護教諭・管理職で共通理解を図っている。

・1型糖尿病に罹患しており，インスリン注射，補食が必要になることがある。対応は保健室。ポケットにブドウ糖を常備している。学校生活上の制限は特にないが，運動後などの低血糖症状に注意する。年度初めには，保護者，病院関係者，担任，養護教諭，管理職で対応への共通理解を図っている。

・令和〇年〇月転入学。児童養護施設から通学しており，保護者は施設長。単身親（母）家庭の母親が長期入院加療中のための措置。本児は，明朗で学力も高いが，自分の将来への強い不安をSCへ訴えている。本児が安心して学校生活を送れるように，関係諸機関と連携し，支援していく必要がある。

【帰国児童】
・帰国して2年目。日常会話はほぼ問題なく意思疎通できるようになったが，文章の読み書きはまだ十分でない。言葉をすぐ調べるためにタブレット端末の持ち込みを許可している。
・母は米国人，家庭の会話は主に英語。第2学年相当まで米国現地校に通学し日本語環境に不慣れ。個別の日本語指導が必要。
・今年度初め上海より編入学。現地のインターナショナルスクールへ通学し，英語で授業を受けていた。家庭での会話は日本語なので日常会話は問題ない。日本語の語彙を広げていく。

【外国籍】
・〇〇国籍。本人は幼児教育から日本で受けており，ことばの問題はない。両親とも，日本語会話による意思疎通は可能だが，文書類の理解には困難があり，配慮が必要。地域ボランティアの〇〇さんに通訳を頼むこともあるようだ。
・〇〇国籍。両親とも日本で育ち，日常生活は日本名の通称を使用。本名での対応が必要な場合は，保護者に相談する。
・〇〇国籍。令和〇年5月来日。来日1年目。家庭への連絡は日本語が堪能な父の携帯電話へ。母親は英仏会話可能。本人は日本語指導を週2時間受けており，徐々に理解が進んでいる。学級の友達とよく遊ぶようになり，笑顔が増えた。

【氏名変更等】
・令和〇年〇月，保護者名変更（両親の離婚により父から母へ）。
・令和〇年〇月，改姓（母の戸籍に移ったため）。ただし，卒業まで旧姓を通称として使用する。
・保護者は児童の母方の祖父のため，姓が児童と異なっている。

【宗教関係】

・所属宗派の関係で，他宗教・宗派の神社仏閣には入らない。社会科見学や移動教室では配慮が必要。

・〇〇教徒。〇肉を食べないため，給食で〇肉が出る日は，弁当を持参している。食物アレルギーで食べられないわけではないので，学校として除去は行わないと保護者と確認済み。

・〇〇教所属宗派の関係で，体調不良やけがは必ず保護者に連絡を取り，慎重に対応。年度始めには，保護者・担任・管理職の三者で，安全な学校生活について共通理解を図っている。

【その他】

・芸能活動のため欠席が多く，学習が定着しにくい。保護者と相談し，補習の教材を用意するなど丁寧な対応が必要である。

・児童虐待の通報により，一時〇〇児童相談所で保護（令和〇年〇月～〇月）。家庭の状況が安定したため，児童相談所を出て自宅に戻っているが，引き続き関係機関（〇〇児童相談所，〇〇子ども家庭支援センター）と連携し，注意深く見守っている。

・令和〇年度より保護者の教育方針により不登校。週1日程度適応指導教室へ継続通所中。学校からの文書類は，週末にまとめてポスティングしている。

60

出欠の記録①
「日数」

日数に何を書くか

出欠の記録の欄は,「授業日数」「出席停止・忌引等の日数」「出席しなければならない日数」「欠席日数」「出席日数」を記す。

授業を実施した「授業日数」を基礎として,個人的事情による日数を順に引き算していけば,「出席日数」が出てくるようになっている。該当する日数がない場合は空白のままにせず,正確を期するため数字の0(ゼロ)を記入するのが適当である。

(授業日数)−(出席停止・忌引等の日数)=(出席しなければならない日数)

「授業日数」は,学校の所定の教育課程を実施した日のことである。同じ学年の児童については(転学や退学等をした児童を除いて)同一日数とすることが適当である。

「出席しなければならない日数」は,「授業日数」から「出席停止・忌引等の日数」を差し引いた日数が記入されることになる。したがって,「出席停止・忌引等の日数」がゼロの児童は,「出席しなければならない日数」は「授業日数」と同じ日数となる。

(出席しなければならない日数)−(欠席日数)=(出席日数)

「欠席日数」は,「出席しなければならない日数」のうち,病気や事故などで欠席した日数を記入する。

「出席日数」は,「出席しなければならない日数」から,「欠席日数」を差し引いた日数で,実際に学校に出席した日数である。

なお,指導要録上,出席扱いとすることができる様々なケースについて,「通知」の参考資料(〔参考2〕指導要録に関連して文部科学省が発出した主な通知等)の中に示されている。下記URLを参照されたい。

https://www.mext.go.jp/a_menu/shotou/new-cs/senseiouen/1414600.htm

「日数」の記入例

区分 学年	授業日数	出席停止・ 忌引等の日数	出席しなければ ならない日数	欠席日数	出席日数	備　　　考
1	203	5	198	1	197	忌引（父死亡）5　法事のため欠席1
2	203	4	199	3	196	家族に赤痢発生出停4 欠席は風邪2，腹痛1
3	204	9	195	0	195	本人風疹のため出停9 早退6（眼科治療通院）
4	201	3	198	0	198	インフルエンザのため臨休3
5	203	0	203	15	188	欠席は家族旅行時の交通事故
6	202	5	197	0	197	自宅が台風により床下浸水3 私立中学校受験2

◆『通知』の「別紙1：小学校及び特別支援学校小学部の指導要録に記載する事項等」より
(1) 授業日数
　　児童の属する学年について授業を実施した年間の総日数を記入する。学校保健安全法第20条の規定に基づき，臨時に，学校の全部又は学年の全部の休業を行うこととした日数は授業日数には含めない。
　　この授業日数は，原則として，同一学年のすべての児童につき同日数とすることが適当である。ただし，転学又は退学等をした児童については，転学のため学校を去った日又は退学等をした日までの授業日数を記入し，転入学又は編入学等をした児童については，転入学又は編入学等をした日以後の授業日数を記入する。
(2) 出席停止・忌引等の日数
　　以下の日数を合算して記入する。
　　① 学校教育法第35条による出席停止日数，学校保健安全法第19条による出席停止日数並びに感染症の予防及び感染症の患者に対する医療に関する法律第19条，第20条，第26条及び第46条による入院の場合の日数
　　② 学校保健安全法第20条により，臨時に学年の中の一部の休業を行った場合の日数
　　③ 忌引日数
　　④ 非常変災等児童又は保護者の責任に帰すことのできない事由で欠席した場合などで，校長が出席しなくてもよいと認めた日数
　　⑤ その他教育上特に必要な場合で，校長が出席しなくてもよいと認めた日数
(3) 出席しなければならない日数
　　授業日数から出席停止・忌引等の日数を差し引いた日数を記入する。
(4) 欠席日数
　　出席しなければならない日数のうち病気又はその他の事故で児童が欠席した日数を記入する。
(5) 出席日数
　　出席しなければならない日数から欠席日数を差し引いた日数を記入する。
　　なお，学校の教育活動の一環として児童が運動や文化などにかかわる行事等に参加したものと校長が認める場合には，指導要録の出欠の記録においては出席扱いとすることができる。
(6) 備考
　　出席停止・忌引等の日数に関する特記事項，欠席理由の主なもの，遅刻，早退等の状況その他の出欠に関する特記事項等を記入する。

61

出欠の記録②「備考」

何を書くか

　備考欄には，「出席停止・忌引等」の日数に関する特記事項，欠席理由の主なもの，遅刻，早退等の状況など，出欠に関する特記事項を記入する。欠席の多い児童については，欠席理由や日数の内訳などを記入する。遅刻・早退等については記録する欄がないが，その回数が著しく多いなど，指導上注意を要する児童については，その状況や理由などを記録する。

忌引日数の基準

　児童の忌引についての全国的な基準はないが，参考までに「人事院規則15-14（職員の勤務時間，休日及び休暇）」第22条第12号別表第二に示している国家公務員一般職の場合の取扱いは，次のとおりである。

【死亡した者】　　　　　　　　　　　　　　　【日数】
・配偶者……………………………………………… 7日
・父母………………………………………………… 7日
・子…………………………………………………… 5日
・祖父母……………………………………………… 3日
　（職員が代襲相続し，かつ祭具等の継承を受ける場合にあっては，7日）
・孫…………………………………………………… 1日
・兄弟姉妹…………………………………………… 3日
・おじ又はおば……………………………………… 1日（同上，7日）
・父母の配偶者又は配偶者の父母……………… 3日
　（職員と生計を一にしていた場合にあっては，7日）
・子の配偶者又は配偶者の子……………………… 1日（同上，5日）
・祖父母の配偶者又は配偶者の祖父母………… 1日（同上，3日）
・兄弟姉妹の配偶者又は配偶者の兄弟姉妹……… 1日（同上，3日）
・おじ又はおばの配偶者…………………………… 1日
※葬祭のため遠隔の地に赴く場合にあっては，往復に要する日数を加えた日数。

「備考」の用語例

事項	用語例	留意点
出席停止・忌引	・インフルエンザのため出席停止4日 ・百日咳のため出席停止5日 ・麻疹のため出席停止6日 ・流行性耳下腺炎のため出席停止4日 ・風疹のため出席停止7日 ・水痘のため出席停止5日 ・咽頭結膜炎のため出席停止5日 ・忌引7日（父死亡） ・台風被害（家屋冠水）のため出席停止3日 ・私立中学校受験3日	・発症後5日経過し，かつ解熱後2日経過するまで ・特有の咳が消失する又は5日間の適正な抗菌性物質製剤による治療が終了するまで ・解熱後3日経過するまで ・耳下腺，顎下腺又は舌下腺の腫脹発現後5日経過かつ全身状態が良好になるまで ・発疹が消失するまで ・すべての発疹が痂皮化するまで ・主要症状が消失した後2日経過するまで ・児童についての規定はないので，自治体職員の例を準用 ・公私を問わず受験した日数
欠席	・風邪のため欠席3日 ・保護者都合による欠席5日 ・タレント活動による欠席38日	 ・事故欠席扱い ・事故欠席扱い
遅刻早退	・歯の治療通院による早退8回 ・骨折治療通院による遅刻12日	
学校外施設等	・教育支援センター「あおぞら」に127日通所 ・不登校により自宅においてICTを活用した学習45日	・校長が認める場合，出席日数の内数として出席扱いにした日数・施設名・学習内容を記入する。

62

「卒業」「進学先」

「卒業」に何を書くか

この欄には，校長が卒業を認定した年月日を記入する。原則として，3月31日が適当であるとされている。

> ＊「学齢簿および指導要録の取扱について」(昭和32年2月25日付け，文初財第八三号，各都道府県教育委員会等あて，初等中等教育局長通達)
> 「卒業の場合は、校長が卒業を認定した日（原則として三月末であることが適当である。）を卒業年月日とすること。」

「進学先」に何を書くか

児童が進学した中学校名とその所在地を記入する。この中学校には，特別支援学校中学部，義務教育学校の後期課程及び中等教育学校の前期課程が含まれる。

参考様式の記入例

「卒業」	

卒　業	令和3　年　3　月　31　日

卒業の年月日は，卒業式を行った日ではなく，原則3月31日となる！

「進学先」	

進　学　先	文京区立○○中学校 東京都文京区○○1丁目4番15号

※義務教育学校の場合

進　学　先	文京区立○○小中学校後期課程 東京都文京区○○3丁目5番6号

※特別支援学校の場合

進　学　先	東京都立○○特別支援学校 東京都文京区○○2丁目8番1号

「転入学」の記入

　「転入学」とは，ほかの小学校の児童が転校してきた場合のみを言う。したがって，小学校以外の学校，例えば，在外教育施設から移ってきた場合などは転入学には含めず，「編入学」として扱うことになっている。

　この欄には，転入学の年月日，転入学年を記入し，その余白に，転入学以前に在学していた学校名，その所在地，及び転入学の事由等を記入する。もちろん，この転入学年月日も教育委員会が指定した年月日であって，保護者は，児童の住所地に変更があったときは，速やかに新住所地の市町村長に届け出なければならない。また，市町村長はその旨を速やかに当該市町村の教育委員会に通知することとなっている（学校教育法施行令第4条）。

「転学」の記入

　「転学」とは，児童がその学校からほかの小学校に転校する場合を言い，「転入学」に対応する概念である。

　この欄には，転学先の学校がその児童を受け入れた日の前日に当たる年月日を，下部の括弧のない年月日の欄に記入し，その余白に転学先の学校名，所在地，転入学年及びその事由などを記入する。

　この欄の上部の括弧のある欄には，児童が転学のために学校を去った年月日，例えば，その学校の最後の授業を終えて学校を去った年月日を記入する。

　転学の際には多くの場合，転学のための旅行日数が何日か生じる。このとき，転学のために学校を去り，すでにその学校には通学していないが，その児童が転学先の学校でまだ受け入れられていないため，その児童の籍はまだもとの学校に置いておかなければならないということがある。このように，事実としてはその学校に通学していないが，なおその学校の児童とみなす日と，正式にその学校の児童ではないとした日とを区別するために，二通りの年月日を記入することになっていると解される。

参考様式の記入例

※ほかの小学校等の児童が転校してきた場合

転　入　学	令和2　年　1　月　8　日　第　5　学年転入学 川越市立〇〇小学校 埼玉県川越市〇〇2丁目7番1号 保護者の勤務地が変わり，本校学区域転居のため

※児童がほかの学校に転校していく場合

転学・退学等	（　令和2　年　10　月　9　　日　） 　　令和2　年　10　月　11　日 山口市立〇〇小学校 山口県山口市〇〇229番地 第5学年転入。保護者の転居のため

＊括弧内には，児童が転学のために学校を去った年月日を記入する。

＊その下には，転学先の学校がその児童を受け入れた日の前日に当たる年月日を記入する。

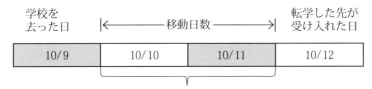

いずれの学校の授業日数にも該当しないので
出欠の記録上はカウント外になる。

64 転入学・転学があったとき②

長期休業期間中に転学の申し出があった場合

夏季休業や冬季休業など，長期休業期間中に児童から転学の申し出を受けることがある。その際の指導要録の記入について，ここでは，夏季休業中の7月22日に転学の申し出があったケースを想定して説明していく。

この場合，指導要録の「転学・退学等」の欄の上部の括弧書きの年月日について，1学期の授業のあった最終日（例：7月19日）を記入するのではなく，そのまま「7月22日」と記入する。平常の場合は，申し出をしても授業を受け続ける日があるため，申し出た日と年月日が一致しないが，休業中であれば，申し出のあった日を去った日としてよいのである。

その下の括弧のない年月日には，実際に去った日ではなく，学校に籍があるとみなす日（転学先の学校が児童を受け入れた日の前日）を記載する。そのため，例えば転学先の学校が9月1日に児童を受け入れた場合，8月31日と記載することになる。長期休業中は，平常の場合の転学より，実際に去った日と学校に籍があるとみなす日の差が大きくなる場合があることに注意されたい。

また，長期休業期間中は，転学先の学校からの転入の問い合わせに関する返信が遅れがちになり，転学先の学校に何日に転入したか不明になることがある。その場合の7月の在籍の取扱いについて，原則はあくまでも転学先の学校あるいは教育委員会に問い合わせて転入日を確認してから数えるものであるが，例えば転学先の学校が8月1日以降を転入日として指定した場合，7月31日まで在籍していたことになるだろう。

指導要録以外の書類の記載事項について

長期休業期間中に転学の申し出があった場合，指導要録以外にも事実に基づいて変更を反映しなければならない。例えば，「在学証明書」や「出席簿」において注意が必要である。一例を右に示す。

転学との関連事項

在学証明書の発行

在学証明書の「○月○年まで在学したことを証明する」の日付には，実際に学校を去った日（括弧書きの年月日）ではなく，学校に籍があるとみなす日（括弧のない年月日）を記載する。これは長期休業中の転学でも同様である。

（例）7月22日に学校を去り，転学先の学校が9月1日に受け入れた場合，8月31日まで在学したということになり，その証明書を発行する。

出席簿の月末統計の在籍数の記入

出席簿の月末統計の「月末」とは，文字通り該当の月の末のことをさす。長期休業中の転学（例：夏季休業中の7月22日の転学）の場合の「月末」とは7月31日をさすのか，それとも最後の授業日7月19日をさすのかで迷いやすいが，このケースでも月末統計の基準とする「月末」とは7月31日である。そのため，転学先の受け入れ日が8月1日以降であれば7月31日までは在籍とみなし在籍者に数える。そして，受け入れ日が7月23日から7月31日の間であれば7月31日時点で籍はないため在籍者として数えないこととなる。

転学に伴う，さまざまな書類の処理について注意しよう。

65 退学があったとき

「退学等」の記入

「退学」とは，「編入学」に対応する概念である。すなわち，退学には次のような場合が含まれる。

① 在外教育施設や外国の学校等に入るために学校を去る場合

② 学齢（満15歳に達した日の属する学年の終わりまで）を超過している児童が，就学義務がなくなったことによって学校を去る場合

③ 就学義務の猶予・免除の措置がなされた場合

④ 児童の居所が1年以上不明で長期欠席を続けている場合

①と②の場合は，いわゆる退学という概念にふさわしいものであって，この場合には，校長が退学を認めた日を，下部の括弧のない年月日欄に記入し，その余白に事由等を記入する。

③と④は退学と性格を異にする面もあるが，昭和32年2月25日付「学齢簿および指導要録の取扱について」の通達の趣旨に従って，在学しない者として取り扱うこととしている。この場合の記入の仕方は，校長が在学しない者と認めた年月日を，上部の括弧書きの年月日に記入し，その余白にその事由等を記入する。

①②の場合，括弧のない生年月日欄に記入し，③④の場合，括弧書きの生年月日欄に記入する。

参考様式の記入例

※外国にある学校に入る場合

転学・退学等	（　　　　年　　　　月　　　　日　） 　　令和2 年　9 月　19 日 アメリカ合衆国サンフランシスコ市，現地日本人学校 へ，父親の転勤のため。（第2学年）

※児童が死亡した場合

転学・退学等	（　　　　年　　　　月　　　　日　） 　　令和3 年　7 月　10 日 交通事故にて児童死亡のため除籍（第3学年）

※就学義務の猶予・免除の場合

転学・退学等	（　令和2 年　9 月　18 日　） 　　　　年　　　　月　　　　日 小児麻痺のため就学免除，自宅療養（第2学年）

※転学を申し出て，そのまま行方不明の場合（1年後に退学させる）

転学・退学等	（　令和3 年　4 月　5 日　） 　　　　年　　　　月　　　　日 転学を申し出て，行先を神戸市と告げ，そのまま行方 不明につき退学（第5学年）

指導要録の取り扱い

　小学校では滅多にないケースだが，児童が進級せずに同じ学年をくり返して履修する，原級留置の措置がとられることがある。このときの指導要録の扱いについては，次のように取り扱うことが考えられる。

　同じ学年に関して同じ指導要録に再度記入することは難しいため，留め置かれた学年から新しく指導要録を作成する。その際，前年までを記録した指導要録と重ねて保管する。

　例えば，第4学年で原級留置となった児童の場合，1度目の第4学年は元の指導要録に記入し，2度目の第4学年は新しく作成した指導要録に記入する。そして，元の指導要録と新しく作成した指導要録とを重ねて保管する。

元の指導要録に何を書くか

　元の指導要録には，原級留置となった当該学年の「総合所見及び指導上参考となる諸事項」の欄に，「原級留置」「原級留置とした年月日（通常は学年末である○年3月31日）」「原級留置とする学年」「事由（例：長期欠席のため）」を記入する。

新しい指導要録に何を書くか

　新しく作成した指導要録には，まず児童名などの必要最小限の情報を記載する。そして，原級留置となった当該学年の「総合所見及び指導上参考となる諸事項」の欄に，「原級留置をする学年」と「原級留置を決定した年月日」を記入し，その学年に関する事項を記入していく。

元の指導要録への記入例

●原級留置，令和5年3月31日，長期入院による欠席のため（第3学年）。
●原級留置，令和5年3月31日，謹慎・停学による出席日数不足のため（第5学年）。
●原級留置，令和5年3月31日，成績の不良のため（第6学年）。

原級留置が検討されるケース

・事故や病気，障害などにより長期の入院や加療を要する場合
・成績が不良の場合
・不登校や謹慎・停学などにより，出席日数が不足した場合
　（謹慎や停学の日数は出席日数に含まれない）
・私生活面においてだらしがない場合（多すぎる遅刻や課題の未提出など）
・その他児童としてふさわしくない行為があった場合

ここでは一例を示したが，実際の記入に当たっては各自治体の方式を確認しよう。

指導要録と通知表，書き分けのポイント

　今回の『通知』では，教師の勤務負担軽減の観点から，指導要録の「指導に関する記録（様式2）」に記載する事項を全て満たす通知表を作成する場合には，指導要録と通知表の様式を共通としてよいことを明記している。目的・機能が異なる指導要録と通知表を一貫性のある記録簿として作成するには，どのようなことに留意すればよいだろうか。

　ポイントは，指導要録には「証明」機能が，通知表には「指導」機能が第一義的に求められていることだろう。「証明」目的重視ならば，事実の記述を中心に客観性を求めることが大切であり，「指導」目的重視ならば，望ましい行動の継続と課題の改善を促すような具体的な書き方を追究することになる。

　以上を踏まえ，例を挙げて書き分けについて検討してみよう。

通知表の所見例

○　掲示係として「どうしたら，みんなによく見てもらえるのか」ということを考え，掲示物の貼り方をよく工夫しています。長縄跳び大会の優勝記念号では，リボンで飾ると華やかさが増すことを思い付き，実行して，学級を盛り上げました。

指導要録の所見例（「総合所見及び指導上参考となる諸事項」）

○　与えられた役割に誠実に取り組み，友達から信頼されている。（行動：責任感）

○　課題に対して自分なりの考えをもって取り組み，取組み方に工夫が見られる。（行動：創意工夫）

○　係活動に進んで取り組み，学級に貢献している。（行動：勤労・奉仕）

○　掲示係としてよりよい学級生活づくりに主体的に貢献した。（特別活動：学級活動）

　通知表の所見には，上の例に限らず，①どういう行動がよかったかを具体的にしているので行動の継続につなげやすい（自己理解の深化），②教師がどんな行動を期待しているかを具体的に示しているので改善行動につなげやすい（目標設定），③前向きな雰囲気を醸しており意欲が維持・喚起されやすい，などの特徴が見られる。

　いっぽう指導要録は，個別事象の具体性よりも，児童生徒の学習の実現状況を簡潔に示すことが最も必要であり，開示の可能性を考慮しても，主観的な評価による記述は避けるのが妥当と思われる。ただし，通知表への記載内容を指導要録の視点・趣旨を踏まえて記述し直すことで，双方の内容の一貫性が高まる点は留意したい。二つの書類の作成においては，通知表の内容を指導要録へと収斂させていくのが慣例であるが，それぞれの機能に応じた内容・表現を留意した上で，共通化を図っていくべきであろう。

付録

67 身体や人格に関する内容の場合

　児童本人の身体や人格に関する内容を記入し，人権問題となる場合がある。児童の身体的な特徴については，指導へ配慮が必要なもの以外は記述を控えるようにすべきである。また，人格を決め付けるような記述は厳に慎み，同じ特性のよい方の面に目を向けて記述することが望ましい。

用語例

【ケース1】

△（望ましくない用語例）

・肥満体型で運動が嫌いなため，休み時間も図書室で読書して過ごすことが多く，友達が少ない。自己中心的で，自分の興味のある話題については一方的に話し続けるが，相手の気持ちを考えることはできない。

○（改善例）

・読書が好きで，休み時間も図書室で過ごすことが多かったため，健康のためにも週1回のクラス遊びには外で遊ぶように促した。○○の情報に詳しく，分かりやすく説明できるので，友達の得意なことも聞くようにするとより世界が広がることを助言した。

- -

【ケース2】

△（望ましくない用語例）

・自分の非を決して認めず，人のせいにしたりごまかしたりするので，友達から嫌がられている。小柄でちょろちょろしているため，ケガをしたりさせたりすることが多かった。落ち着いて生活することが課題である。

○（改善例）

・トラブルがあったとき，素直に非を認められないことがあるが，時間をかけて友達と一緒に話を聞くと，事実を振り返られるようになってきた。活発で怪我が多かったので，安全な過ごし方について考えさせ，改善を促している。

68 ほかの児童や教師との 関わりについての内容の場合

　ほかの児童や教師との関わりで問題となる場合がある。児童同士のトラブルをどちらかが一方的に悪いように具体的に記述したり，ほかの教職員の指導や関わり方をネガティブに取り上げたりすることはしない。トラブルであればどのように解決されたか，指導であれば何のための指導であったのかを記述する。

用語例

【ケース1】

△（望ましくない用語例）

・○さんとケンカになり，ほかの子も巻き込んで無視させ，孤立させるような意地悪をしていたことがあった。いじめは許さないことを諭し，○さんに謝らせて，仲直りさせた。

○（改善例）

・ほかの児童とケンカになり，お互いが引けなくなって，周囲も一緒に困っていることがあった。担任が間に入り，それぞれの気持ちを素直に相手に伝えさせると，わだかまりが解け，みんなで仲直りができた。

- -

【ケース2】

△（望ましくない用語例）

・担任の授業では意欲的に学習に取り組んでいたが，音楽の時間には専科教員に対して反抗的になりがちだった。理由を聞くと「授業がつまらない」と言うので，つまらなくても静かに聞くことで学習内容は身に付くものだと諭すと，弁えることができた。

○（改善例）

・興味関心のある授業には集中して意欲的に取り組むことができるが，そうでない教科には身が入らないこともあった。何のために学ぶのかを考えさせると，自分の態度を振り返り，真剣に取り組もうと前向きになった。

家庭環境を児童の学校生活の課題と結び付ける内容の場合

　家庭環境を児童の学校生活の課題と結び付けて問題になる場合がある。児童の健全な育成には家庭の養育状況が大きく関係するが，学校生活で問題が生じた際，そのすべてを家庭に結び付けることは責任転嫁ととられかねない。児童の課題を把握し，家庭と学校が手を携えて解決することを前提とした記述にしたい。

用語例

【ケース1】

△（望ましくない用語例）

・家庭に経済的な余裕がなく，両親とも遅くまで働いているため，家庭学習の習慣が身に付いていない。また，就寝が遅いせいか，授業に集中できないので，学年相応の学力が身に付かない。学校の補習だけでは限界がある。

○（改善例）

・両親とも忙しく，家庭学習は難しい状況なので，課題の量を減らしたり，朝や放課後の短い時間に補習をしたりして，本人の学習意欲を保つようにしてきた。下の学年の問題にも抵抗感なく取り組み，徐々に力を付けており，家庭でも褒められるようになった。

- -

【ケース2】

△（望ましくない用語例）

・家庭の状況が複雑で，基本的な生活習慣を躾けられていないため，洗顔などが行き届かず，不潔な印象から友達に避けられがちである。学習用具が準備できず，ふてくされた態度が目立つ。保護者に連絡する手段がなく，困っている。

○（改善例）

・毎日元気に登校し，授業に取り組んだ。学習用具が揃わないときは，学校のものを貸し出し，学習意欲を高めた。養護教諭の協力を得て，洗顔や歯磨きの習慣を身に付けさせ，清潔な生活の心地よさを体験させた。自分のことは自分でやるという意識が育ってきた。

70 担任の思い込みや偏見に関する内容の場合

　表記に配慮がなく，担任の思い込みや偏見が問題になる場合がある。事実であったとしても，あまりに直截な書き方は，読み手に不快感を与えたり，教師としての資質へ不信感を抱かれたりする場合がある。先入観にとらわれていないか，偏見はないか，常に自問し，丁寧な記述を心がける。

用語例

【ケース1】

△（望ましくない用語例）

・大人には顔色を見て媚びるような態度だが，自分より弱い立場と見ると，途端に横柄な物言いになる。学力には自信をもっており，各教科の内容がよく定着しているが，友達に自慢したり見下したりするので，人気がない。表裏のある性格で信用ならない。

○（改善例）

・どの教科にも確かな学力が付いており，自信としている。さらに，周りに分かりやすく解説したり教えたりできるよう，指導している。友達に対して強気にふるまうこともあったが，望ましい人間関係を築くには謙虚さも大切だということを自覚してきた。

- -

【ケース2】

△（望ましくない用語例）

・身の回りがいつも散らかっており，だらしないので，学習用具を頻繁になくしてしまうが，母親がすぐに代わりを準備するので，物を大切にする心が全く育たない。母親への依存心が強く，年齢相応の自立ができていないので，将来が危ぶまれる。

○（改善例）

・整理整頓が苦手でなくしものが多かったので，持ち物に記名することを徹底させたり，毎日帰りに道具箱を一緒に整理したりして，物の管理ができるように促してきた。きちんと整理できたときは，母親にも知らせ，認めてもらうことで自信を付けつつある。

各教科・各学年の 評価の観点及びその趣旨

国　語

	知識・技能	思考・判断・表現	主体的に学習に取り組む態度
観点の 趣旨	日常生活に必要な国語について，その特質を理解し適切に使っている。	「話すこと・聞くこと」，「書くこと」，「読むこと」の各領域において，日常生活における人との関わりの中で伝え合う力を高め，自分の思いや考えを広げている。	言葉を通じて積極的に人と関わったり，思いや考えを広げたりしながら，言葉がもつよさを認識しようとしているとともに，言語感覚を養い，言葉をよりよく使おうとしている。
第1学年 及び 第2学年	日常生活に必要な国語の知識や技能を身に付けているとともに，我が国の言語文化に親しんだり理解したりしている。	「話すこと・聞くこと」，「書くこと」，「読むこと」の各領域において，順序立てて考える力や感じたり想像したりする力を養い，日常生活における人との関わりの中で伝え合う力を高め，自分の思いや考えをもっている。	言葉を通じて積極的に人と関わったり，思いや考えをもったりしながら，言葉がもつよさを感じようとしているとともに，楽しんで読書をし，言葉をよりよく使おうとしている。
第3学年 及び 第4学年	日常生活に必要な国語の知識や技能を身に付けているとともに，我が国の言語文化に親しんだり理解したりしている。	「話すこと・聞くこと」，「書くこと」，「読むこと」の各領域において，筋道立てて考える力や豊かに感じたり想像したりする力を養い，日常生活における人との関わりの中で伝え合う力を高め，自分の思いや考えをまとめている。	言葉を通じて積極的に人と関わったり，思いや考えをまとめたりしながら，言葉がもつよさに気付こうとしているとともに，幅広く読書をし，言葉をよりよく使おうとしている。
第5学年 及び 第6学年	日常生活に必要な国語の知識や技能を身に付けているとともに，我が国の言語文化に親しんだり理解したりしている。	「話すこと・聞くこと」，「書くこと」，「読むこと」の各領域において，筋道立てて考える力や豊かに感じたり想像したりする力を養い，日常生活における人との関わりの中で伝え合う力を高め，自分の思いや考えを広げている。	言葉を通じて積極的に人と関わったり，思いや考えを広げたりしながら，言葉がもつよさを認識しようとしているとともに，進んで読書をし，言葉をよりよく使おうとしている。

	知識・技能	思考・判断・表現	主体的に学習に取り組む態度
観点の趣旨	地域や我が国の国土の地理的環境，現代社会の仕組みや働き，地域や我が国の歴史や伝統と文化を通して社会生活について理解しているとともに，様々な資料や調査活動を通して情報を適切に調べまとめている。	社会的事象の特色や相互の関連，意味を多角的に考えたり，社会に見られる課題を把握して，その解決に向けて社会への関わり方を選択・判断したり，考えたことや選択・判断したことを適切に表現したりしている。	社会的事象について，国家及び社会の担い手として，よりよい社会を考え主体的に問題解決しようとしている。
第3学年	身近な地域や市区町村の地理的環境，地域の安全を守るための諸活動や地域の産業と消費生活の様子，地域の様子の移り変わりについて，人々の生活との関連を踏まえて理解しているとともに，調査活動，地図帳や各種の具体的資料を通して，必要な情報を調べまとめている。	地域における社会的事象の特色や相互の関連，意味を考えたり，社会に見られる課題を把握して，その解決に向けて社会への関わり方を選択・判断したり，考えたことや選択・判断したことを表現したりしている。	地域における社会的事象について，地域社会に対する誇りと愛情をもつ地域社会の将来の担い手として，主体的に問題解決しようとしたり，よりよい社会を考え学習したことを社会生活に生かそうとしたりしている。
第4学年	自分たちの都道府県の地理的環境の特色，地域の人々の健康と生活環境を支える働きや自然災害から地域の安全を守るための諸活動，地域の伝統と文化や地域の発展に尽くした先人の働きなどについて，人々の生活との関連を踏まえて理解しているとともに，調査活動，地図帳や各種の具体的資料を通して，必要な情報を調べまとめている。	地域における社会的事象の特色や相互の関連，意味を考えたり，社会に見られる課題を把握して，その解決に向けて社会への関わり方を選択・判断したり，考えたことや選択・判断したことを表現したりしている。	地域における社会的事象について，地域社会に対する誇りと愛情をもつ地域社会の将来の担い手として，主体的に問題解決しようとしたり，よりよい社会を考え学習したことを社会生活に生かそうとしたりしている。
第5学年	我が国の国土の地理的環境の特色や産業の現状，社会の情報化と産業の関わりについて，国民生活との関連を踏まえて理解しているとともに，地図帳や地球儀，統計などの各種の基礎的資料を通して，情報を適切に調べまとめている。	我が国の国土や産業の様子に関する社会的事象の特色や相互の関連，意味を多角的に考えたり，社会に見られる課題を把握して，その解決に向けて社会への関わり方を選択・判断したり，考えたことや選択・判断したことを説明したり，それらを基に議論したりしている。	我が国の国土や産業の様子に関する社会的事象について，我が国の国土に対する愛情をもち産業の発展を願う国家及び社会の将来の担い手として，主体的に問題解決しようとしたり，よりよい社会を考え学習したことを社会生活に生かそうとしたりしている。
第6学年	我が国の政治の考え方と仕組みや働き，国家及び社会の発展に大きな働きをした先人の業績や優れた文化遺産，我が国と関係の深い国の生活やグローバル化する国際社会における我が国の役割について理解しているとともに，地図帳や地球儀，統計や年表などの各種の基礎的資料を通して，情報を適切に調べまとめている。	我が国の政治と歴史及び国際理解に関する社会的事象の特色や相互の関連，意味を多角的に考えたり，社会に見られる課題を把握して，その解決に向けて社会への関わり方を選択・判断したり，考えたことや選択・判断したことを説明したり，それらを基に議論したりしている。	我が国の政治と歴史及び国際理解に関する社会的事象について，我が国の歴史や伝統を大切にして国を愛する心情をもち平和を願い世界の国々の人々と共に生きることを大切にする国家及び社会の将来の担い手として，主体的に問題解決しようとしたり，よりよい社会を考え学習したことを社会生活に生かそうとしたりしている。

	知識・技能	思考・判断・表現	主体的に学習に取り組む態度
観点の趣旨	・数量や図形などについての基礎的・基本的な概念や性質などを理解している。 ・日常の事象を数理的に処理する技能を身に付けている。	日常の事象を数理的に捉え，見通しをもち筋道を立てて考察する力，基礎的・基本的な数量や図形の性質などを見いだし統合的・発展的に考察する力，数学的な表現を用いて事象を簡潔・明瞭・的確に表したり目的に応じて柔軟に表したりする力を身に付けている。	数学的活動の楽しさや数学のよさに気付き粘り強く考えたり，学習を振り返ってよりよく問題解決しようとしたり，算数で学んだことを生活や学習に活用しようとしたりしている。
第1学年	・数の概念とその表し方及び計算の意味を理解し，量，図形及び数量の関係についての理解の基礎となる経験を積み重ね，数量や図形についての感覚を豊かにしている。 ・加法及び減法の計算をしたり，形を構成したり，身の回りにある量の大きさを比べたり，簡単な絵や図などに表したりすることなどについての技能を身に付けている。	ものの数に着目し，具体物や図などを用いて数の数え方や計算の仕方を考える力，ものの形に着目して特徴を捉えたり，具体的な操作を通して形の構成について考えたりする力，身の回りにあるものの特徴を量に着目して捉え，量の大きさの比べ方を考える力，データの個数に着目して身の回りの事象の特徴を捉える力などを身に付けている。	数量や図形に親しみ，算数で学んだことのよさや楽しさを感じながら学ぼうとしている。
第2学年	・数の概念についての理解を深め，計算の意味と性質，基本的な図形の概念，量の概念，簡単な表とグラフなどについて理解し，数量や図形についての感覚を豊かにしている。 ・加法，減法及び乗法の計算をしたり，図形を構成したり，長さやかさなどを測定したり，表やグラフに表したりすることなどについての技能を身に付けている。	数とその表現や数量の関係に着目し，必要に応じて具体物や図などを用いて数の表し方や計算の仕方などを考察する力，平面図形の特徴を図形を構成する要素に着目して捉えたり，身の回りの事象を図形の性質から考察したりする力，身の回りにあるものの特徴を量に着目して捉え，量の単位を用いて的確に表現する力，身の回りの事象をデータの特徴に着目して捉え，簡潔に表現したり考察したりする力などを身に付けている。	数量や図形に進んで関わり，数学的に表現・処理したことのよさに気付き生活や学習に活用しようとしている。
第3学年	・数の表し方，整数の計算の意味と性質，小数及び分数の意味と表し方，基本的な図形の概念，量の概念，棒グラフなどについて理解し，数量や図形についての感覚を豊かにしている。 ・整数などの計算をしたり，図形を構成したり，長さや重さなどを測定したり，表やグラフに表したりすることなどについての技能を身に付けている。	数とその表現や数量の関係に着目し，必要に応じて具体物や図などを用いて数の表し方や計算の仕方などを考察する力，平面図形の特徴を図形を構成する要素に着目して捉えたり，身の回りの事象を図形の性質から考察したりする力，身の回りにあるものの特徴を量に着目して捉え，量の単位を用いて的確に表現する力，身の回りの事象をデータの特徴に着目して捉え，簡潔に表現したり適切に判断したりする力などを身に付けている。	数量や図形に進んで関わり，数学的に表現・処理したことを振り返り，数理的な処理のよさに気付き生活や学習に活用しようとしている。

第4学年	・小数及び分数の意味と表し方，四則の関係，平面図形と立体図形，面積，角の大きさ，折れ線グラフなどについて理解している。 ・整数，小数及び分数の計算をしたり，図形を構成したり，図形の面積や角の大きさを求めたり，表やグラフに表したりすることなどについての技能を身に付けている。	数とその表現や数量の関係に着目し，目的に合った表現方法を用いて計算の仕方などを考察する力，図形を構成する要素及びそれらの位置関係に着目し，図形の性質や図形の計量について考察する力，伴って変わる二つの数量やそれらの関係に着目し，変化や対応の特徴を見いだして，二つの数量の関係を表や式を用いて考察する力，目的に応じてデータを収集し，データの特徴や傾向に着目して表やグラフに的確に表現し，それらを用いて問題解決したり，解決の過程や結果を多面的に捉え考察したりする力などを身に付けている。	数学的に表現・処理したことを振り返り，多面的に捉え検討してよりよいものを求めて粘り強く考えたり，数学のよさに気付き学習したことを生活や学習に活用しようとしたりしている。
第5学年	・整数の性質，分数の意味，小数と分数の計算の意味，面積の公式，図形の意味と性質，図形の体積，速さ，割合，帯グラフなどについて理解している。 ・小数や分数の計算をしたり，図形の性質を調べたり，図形の面積や体積を求めたり，表やグラフに表したりすることなどについての技能を身に付けている。	数とその表現や計算の意味に着目し，目的に合った表現方法を用いて数の性質や計算の仕方などを考察する力，図形を構成する要素や図形間の関係などに着目し，図形の性質や図形の計量について考察する力，伴って変わる二つの数量やそれらの関係に着目し，変化や対応の特徴を見いだして，二つの数量の関係を表や式を用いて考察する力，目的に応じてデータを収集し，データの特徴や傾向に着目して表やグラフに的確に表現し，それらを用いて問題解決したり，解決の過程や結果を多面的に捉え考察したりする力などを身に付けている。	数学的に表現・処理したことを振り返り，多面的に捉え検討してよりよいものを求めて粘り強く考えたり，数学のよさに気付き学習したことを生活や学習に活用しようとしたりしている。
第6学年	・分数の計算の意味，文字を用いた式，図形の意味，図形の体積，比例，度数分布を表す表などについて理解している。 ・分数の計算をしたり，図形を構成したり，図形の面積や体積を求めたり，表やグラフに表したりすることなどについての技能を身に付けている。	数とその表現や計算の意味に着目し，発展的に考察して問題を見いだすとともに，目的に応じて多様な表現方法を用いながら数の表し方や計算の仕方などを考察する力，図形を構成する要素や図形間の関係などに着目し，図形の性質や図形の計量について考察する力，伴って変わる二つの数量やそれらの関係に着目し，変化や対応の特徴を見いだして，二つの数量の関係を表や式，グラフを用いて考察する力，身の回りの事象から設定した問題について，目的に応じてデータを収集し，データの特徴や傾向に着目して適切な手法を選択して分析を行い，それらを用いて問題解決したり，解決の過程や結果を批判的に考察したりする力などを身に付けている。	数学的に表現・処理したことを振り返り，多面的に捉え検討してよりよいものを求めて粘り強く考えたり，数学のよさに気付き学習したことを生活や学習に活用しようとしたりしている。

理　科

	知識・技能	思考・判断・表現	主体的に学習に取り組む態度
観点の趣旨	自然の事物・現象についての性質や規則性などについて理解しているとともに、器具や機器などを目的に応じて工夫して扱いながら観察、実験などを行い、それらの過程や得られた結果を適切に記録している。	自然の事物・現象から問題を見いだし、見通しをもって観察、実験などを行い、得られた結果を基に考察し、それらを表現するなどして問題解決している。	自然の事物・現象に進んで関わり、粘り強く、他者と関わりながら問題解決しているとともに、学んだことを学習や生活に生かそうとしている。
第3学年	物の性質、風とゴムの力の働き、光と音の性質、磁石の性質、電気の回路、身の回りの生物及び太陽と地面の様子について理解しているとともに、器具や機器などを正しく扱いながら調べ、それらの過程や得られた結果を分かりやすく記録している。	物の性質、風とゴムの力の働き、光と音の性質、磁石の性質、電気の回路、身の回りの生物及び太陽と地面の様子について、観察、実験などを行い、主に差異点や共通点を基に、問題を見いだし、表現するなどして問題解決している。	物の性質、風とゴムの力の働き、光と音の性質、磁石の性質、電気の回路、身の回りの生物及び太陽と地面の様子についての事物・現象に進んで関わり、他者と関わりながら問題解決しようとしているとともに、学んだことを学習や生活に生かそうとしている。
第4学年	空気、水及び金属の性質、電流の働き、人の体のつくりと運動、動物の活動や植物の成長と環境との関わり、雨水の行方と地面の様子、気象現象及び月や星について理解しているとともに、器具や機器などを正しく扱いながら調べ、それらの過程や得られた結果を分かりやすく記録している。	空気、水及び金属の性質、電流の働き、人の体のつくりと運動、動物の活動や植物の成長と環境との関わり、雨水の行方と地面の様子、気象現象及び月や星について、観察、実験などを行い、主に既習の内容や生活経験を基に、根拠のある予想や仮説を発想し、表現するなどして問題解決している。	空気、水及び金属の性質、電流の働き、人の体のつくりと運動、動物の活動や植物の成長と環境との関わり、雨水の行方と地面の様子、気象現象及び月や星についての事物・現象に進んで関わり、他者と関わりながら問題解決しようとしているとともに、学んだことを学習や生活に生かそうとしている。
第5学年	物の溶け方、振り子の運動、電流がつくる磁力、生命の連続性、流れる水の働き及び気象現象の規則性について理解しているとともに、観察、実験などの目的に応じて、器具や機器などを選択して、正しく扱いながら調べ、それらの過程や得られた結果を適切に記録している。	物の溶け方、振り子の運動、電流がつくる磁力、生命の連続性、流れる水の働き及び気象現象の規則性について、観察、実験などを行い、主に予想や仮説を基に、解決の方法を発想し、表現するなどして問題解決している。	物の溶け方、振り子の運動、電流がつくる磁力、生命の連続性、流れる水の働き及び気象現象の規則性についての事物・現象に進んで関わり、粘り強く、他者と関わりながら問題解決しようとしているとともに、学んだことを学習や生活に生かそうとしている。
第6学年	燃焼の仕組み、水溶液の性質、てこの規則性、電気の性質や働き、生物の体のつくりと働き、生物と環境との関わり、土地のつくりと変化及び月の形の見え方と太陽の位置関係について理解しているとともに、観察、実験などの目的に応じて、器具や機器などを選択して、正しく扱いながら調べ、それらの過程や得られた結果を適切に記録している。	燃焼の仕組み、水溶液の性質、てこの規則性、電気の性質や働き、生物の体のつくりと働き、生物と環境との関わり、土地のつくりと変化及び月の形の見え方と太陽との位置関係について、観察、実験などを行い、主にそれらの仕組みや性質、規則性、働き、関わり、変化及び関係について、より妥当な考えをつくりだし、表現するなどして問題解決している。	燃焼の仕組み、水溶液の性質、てこの規則性、電気の性質や働き、生物の体のつくりと働き、生物と環境との関わり、土地のつくりと変化及び月の形の見え方と太陽との位置関係についての事物・現象に進んで関わり、粘り強く、他者と関わりながら問題解決しようとしているとともに、学んだことを学習や生活に生かそうとしている。

生　活

	知識・技能	思考・判断・表現	主体的に学習に取り組む態度
観点の趣旨	活動や体験の過程において，自分自身，身近な人々，社会及び自然の特徴やよさ，それらの関わり等に気付いているとともに，生活上必要な習慣や技能を身に付けている。	身近な人々，社会及び自然を自分との関わりで捉え，自分自身や自分の生活について考え，表現している。	身近な人々，社会及び自然に自ら働きかけ，意欲や自信をもって学ぼうとしたり，生活を豊かにしたりしようとしている。

音　楽

	知識・技能	思考・判断・表現	主体的に学習に取り組む態度
観点の趣旨	・曲想と音楽の構造などとの関わりについて理解している。 ・表したい音楽表現をするために必要な技能を身に付け，歌ったり，演奏したり，音楽をつくったりしている。	音楽を形づくっている要素を聴き取り，それらの働きが生み出すよさや面白さ，美しさを感じ取りながら，聴き取ったことと感じ取ったこととの関わりについて考え，どのように表すかについて思いや意図をもったり，曲や演奏のよさなどを見いだし，音楽を味わって聴いたりしている。	音や音楽に親しむことができるよう，音楽活動を楽しみながら主体的・協働的に表現及び鑑賞の学習活動に取り組もうとしている。
第1学年及び第2学年	・曲想と音楽の構造などとの関わりについて気付いている。 ・音楽表現を楽しむために必要な技能を身に付け，歌ったり，演奏したり，音楽をつくったりしている。	音楽を形づくっている要素を聴き取り，それらの働きが生み出すよさや面白さ，美しさを感じ取りながら，聴き取ったことと感じ取ったこととの関わりについて考え，どのように表すかについて思いをもったり，曲や演奏の楽しさを見いだし，音楽を味わって聴いたりしている。	音や音楽に親しむことができるよう，音楽活動を楽しみながら主体的・協働的に表現及び鑑賞の学習活動に取り組もうとしている。
第3学年及び第4学年	・曲想と音楽の構造などとの関わりについて気付いている。 ・表したい音楽表現をするために必要な技能を身に付け，歌ったり，演奏したり，音楽をつくったりしている。	音楽を形づくっている要素を聴き取り，それらの働きが生み出すよさや面白さ，美しさを感じ取りながら，聴き取ったことと感じ取ったこととの関わりについて考え，どのように表すかについて思いや意図をもったり，曲や演奏のよさなどを見いだし，音楽を味わって聴いたりしている。	音や音楽に親しむことができるよう，音楽活動を楽しみながら主体的・協働的に表現及び鑑賞の学習活動に取り組もうとしている。
第5学年及び第6学年	・曲想と音楽の構造などとの関わりについて理解している。 ・表したい音楽表現をするために必要な技能を身に付け，歌ったり，演奏したり，音楽をつくったりしている。	音楽を形づくっている要素を聴き取り，それらの働きが生み出すよさや面白さ，美しさを感じ取りながら，聴き取ったことと感じ取ったこととの関わりについて考え，どのように表すかについて思いや意図をもったり，曲や演奏のよさなどを見いだし，音楽を味わって聴いたりしている。	音や音楽に親しむことができるよう，音楽活動を楽しみながら主体的・協働的に表現及び鑑賞の学習活動に取り組もうとしている。

図画工作

	知識・技能	思考・判断・表現	主体的に学習に取り組む態度
観点の趣旨	・対象や事象を捉える造形的な視点について自分の感覚や行為を通して理解している。 ・材料や用具を使い，表し方などを工夫して，創造的につくったり表したりしている。	形や色などの造形的な特徴を基に，自分のイメージをもちながら，造形的なよさや美しさ，表したいこと，表し方などについて考えるとともに，創造的に発想や構想をしたり，作品などに対する自分の見方や感じ方を深めたりしている。	つくりだす喜びを味わい主体的に表現及び鑑賞の学習活動に取り組もうとしている。
第1学年及び第2学年	・対象や事象を捉える造形的な視点について自分の感覚や行為を通して気付いている。 ・手や体全体の感覚などを働かせ材料や用具を使い，表し方などを工夫して，創造的につくったり表したりしている。	形や色などを基に，自分のイメージをもちながら，造形的な面白さや楽しさ，表したいこと，表し方などについて考えるとともに，楽しく発想や構想をしたり，身の回りの作品などから自分の見方や感じ方を広げたりしている。	つくりだす喜びを味わい楽しく表現したり鑑賞したりする学習活動に取り組もうとしている。
第3学年及び第4学年	・対象や事象を捉える造形的な視点について自分の感覚や行為を通して分かっている。 ・手や体全体を十分に働かせ材料や用具を使い，表し方などを工夫して，創造的につくったり表したりしている。	形や色などの感じを基に，自分のイメージをもちながら，造形的なよさや面白さ，表したいこと，表し方などについて考えるとともに，豊かに発想や構想をしたり，身近にある作品などから自分の見方や感じ方を広げたりしている。	つくりだす喜びを味わい進んで表現したり鑑賞したりする学習活動に取り組もうとしている。
第5学年及び第6学年	・対象や事象を捉える造形的な視点について自分の感覚や行為を通して理解している。 ・材料や用具を活用し，表し方などを工夫して，創造的につくったり表したりしている。	形や色などの造形的な特徴を基に，自分のイメージをもちながら，造形的なよさや美しさ，表したいこと，表し方などについて考えるとともに，創造的に発想や構想をしたり，親しみのある作品などから自分の見方や感じ方を深めたりしている。	つくりだす喜びを味わい主体的に表現したり鑑賞したりする学習活動に取り組もうとしている。

家　庭

	知識・技能	思考・判断・表現	主体的に学習に取り組む態度
観点の趣旨	日常生活に必要な家族や家庭，衣食住，消費や環境などについて理解しているとともに，それらに係る技能を身に付けている。	日常生活の中から問題を見いだして課題を設定し，様々な解決方法を考え，実践を評価・改善し，考えたことを表現するなどして課題を解決する力を身に付けている。	家族の一員として，生活をよりよくしようと，課題の解決に主体的に取り組んだり，振り返って改善したりして，生活を工夫し，実践しようとしている。

	知識・技能	思考・判断・表現	主体的に学習に取り組む態度
観点の趣旨	各種の運動の行い方について理解しているとともに，基本的な動きや技能を身に付けている。また，身近な生活における健康・安全について実践的に理解しているとともに，基本的な技能を身に付けている。	自己の運動の課題を見付け，その解決のための活動を工夫しているとともに，それらを他者に伝えている。また，身近な生活における健康に関する課題を見付け，その解決を目指して思考し判断しているとともに，それらを他者に伝えている。	運動の楽しさや喜びを味わうことができるよう，運動に進んで取り組み，健康を大切にし，自己の健康の保持増進についての学習に進んで取り組もうとしている。
第1学年及び第2学年	各種の運動遊びの行い方について知っているとともに，基本的な動きを身に付けている。	各種の運動遊びの行い方を工夫しているとともに，考えたことを他者に伝えている。	各種の運動遊びの楽しさに触れることができるよう，各種の運動遊びに進んで取り組もうとしている。
第3学年及び第4学年	各種の運動の行い方について知っているとともに，基本的な動きや技能を身に付けている。また，健康で安全な生活や体の発育・発達について理解している。	自己の運動の課題を見付け，その解決のための活動を工夫しているとともに，考えたことを他者に伝えている。また，身近な生活における健康の課題を見付け，その解決のための方法を工夫しているとともに，考えたことを他者に伝えている。	各種の運動の楽しさや喜びに触れることができるよう，各種の運動に進んで取り組もうとしている。また，健康の大切さに気付き，自己の健康の保持増進についての学習に進んで取り組もうとしている。
第5学年及び第6学年	各種の運動の行い方について理解しているとともに，各種の運動の特性に応じた基本的な技能を身に付けている。また，心の健康やけがの防止，病気の予防について理解しているとともに，健康で安全な生活を営むための技能を身に付けている。	自己やグループの運動の課題を見付け，その解決のための活動を工夫しているとともに，自己や仲間の考えたことを他者に伝えている。また，身近な健康に関する課題を見付け，その解決のための方法や活動を工夫しているとともに，自己や仲間の考えたことを他者に伝えている。	各種の運動の楽しさや喜びを味わうことができるよう，各種の運動に積極的に取り組もうとしている。また，健康・安全の大切さに気付き，自己の健康の保持増進や回復についての学習に進んで取り組もうとしている。

	知識・技能	思考・判断・表現	主体的に学習に取り組む態度
観点の趣旨	・外国語の音声や文字，語彙，表現，文構造，言語の働きなどについて，日本語と外国語との違いに気付き，これらの知識を理解している。 ・読むこと，書くことに慣れ親しんでいる。 ・外国語の音声や文字，語彙，表現，文構造，言語の働きなどの知識を，聞くこと，読むこと，話すこと，書くことによる実際のコミュニケーションにおいて活用できる基礎的な技能を身に付けている。	・コミュニケーションを行う目的や場面，状況などに応じて，身近で簡単な事柄について，聞いたり話したりして，自分の考えや気持ちなどを伝え合っている。 ・コミュニケーションを行う目的や場面，状況などに応じて，音声で十分慣れ親しんだ外国語の語彙や基本的な表現を推測しながら読んだり，語順を意識しながら書いたりして，自分の考えや気持ちなどを伝え合っている。	外国語の背景にある文化に対する理解を深め，他者に配慮しながら，主体的に外国語を用いてコミュニケーションを図ろうとしている。

■著者一覧（所属は 2019 年 12 月時点）

無藤　　隆（むとう・たかし）　　　　　白梅学園大学大学院特任教授
　編著者，まえがき，1〜4

石田　恒好（いしだ・つねよし）　　　　文教大学学園長
　編者

山中　ともえ（やまなか・ともえ）　　　調布市立飛田給小学校校長
　編著者，9，10，61

吉冨　芳正（よしとみ・よしまさ）　　　明星大学教授
　編著者，5〜7，60，61

石塚　　等（いしづか・ひとし）　　　　横浜国立大学教授
　編著者，8，16〜21，62〜66

櫻井　茂男（さくらい・しげお）　　　　筑波大学名誉教授
　編著者，13〜15，41

平山祐一郎（ひらやま・ゆういちろう）　東京家政大学教授
　著者，11，12，52

針谷　玲子（はりがい・れいこ）　　　　台東区立蔵前小学校校長
　著者，22〜28

小塚　葉子（こづか・ようこ）　　　　　調布市立飛田給小学校主任教諭
　著者，29，30

濵松　章洋（はままつ・あきひろ）　　　調布市立深大寺小学校校長
　著者，31〜34

松本絵美子（まつもと・えみこ）　　　　文京区立窪町小学校校長
　著者，35〜40

樋川宣登志（ひかわ・のぶとし）　　　　調布市立石原小学校校長
　著者，42〜51

齋藤　瑞穂（さいとう・みずほ）　　　　杉並区立杉並第七小学校校長
　著者，55〜59，67〜70

新指導要録の記入例と用語例　小学校

2020 年 2 月 20 日　初版第 1 刷発行 ［検印省略］
2021 年 3 月 20 日　初版第 3 刷発行

編著者　**無藤　隆・石田恒好・山中ともえ・**
　　　　吉冨芳正・石塚　等・櫻井茂男・平山祐一郎 ⓒ
発行人　**福富　泉**
発行所　**株式会社 図書文化社**
　　　　〒 112-0012　東京都文京区大塚 1-4-15
　　　　Tel: 03-3943-2511　Fax: 03-3943-2519
　　　　http://www.toshobunka.co.jp/

本文デザイン・イラスト・装幀　株式会社　オセロ
組版・印刷　株式会社　厚徳社
製本　株式会社　駒崎製本所
ISBN　978-4-8100-0743-5　C3337

JCOPY <出版者著作権管理機構　委託出版物>
本書の無断複製は著作権法上での例外を除き禁じられています。複製される場合は，そのつど事前
に，出版者著作権管理機構（電話 03-5244-5088，FAX 03-5244-5089，e-mail:info@jcopy.or.jp）の
許諾を得てください。

乱丁・落丁本はお取り替えいたします。
定価はカバーに表示してあります。

授業・学級づくりの本

●授業づくり

最新 教えて考えさせる授業 小学校
市川伸一・植阪友理 編著　B5判 本体 **2,500**円＋税

問いを創る授業 ―子どものつぶやきから始める主体的で深い学び―
鹿嶋真弓・石黒康夫 編著　B5判 本体 **2,400**円＋税

授業で使える! 論理的思考力・表現力を育てる 三角ロジック
鶴田清司 著　A5判 本体 **1,800**円＋税

●学級づくり

学級集団づくりのゼロ段階
河村茂雄 著　A5判 本体 **1,400**円＋税

学級リーダー育成のゼロ段階
河村茂雄 著　A5判 本体 **1,400**円＋税

ゆるみを突破! 学級集団づくりエクササイズ 小学校
河村茂雄・武蔵由佳 編著　B5判 本体 **2,400**円＋税

100円グッズで学級づくり ―人間関係力を育てるゲーム50―
土田雄一 編著　A5判 本体 **1,400**円＋税

今日から始める 学級担任のためのアドラー心理学
会沢信彦・岩井俊憲 編著　四六判 本体 **1,800**円＋税

エンカウンターで学級が変わる ショートエクササイズ集
國分康孝 監修　B5判 本体 **2,500**円＋税

●その他

とじ込み式 自己表現ワークシート
諸富祥彦 監修　大竹直子 著　B5判 本体 **2,200**円＋税

図とイラストですぐわかる
教師が使えるカウンセリングテクニック80
諸富祥彦 著　四六判 本体 **1,800**円＋税

小学生のスタディスキル
安藤壽子 編著　冢田三枝子・伴英子 著　B5判 本体 **2,200**円＋税

図書文化